peuvent pas se recoller ; et si l'on bourre de nouveau au pansement suivant, c'est le vrai moyen de faire dégénérer les abcès en fistules.

Abcès par congestion.

On appelle *abcès par congestion*, ceux dont le pus vient de loin et est formé à une distance plus ou moins grande de la tumeur qui cause son accumulation. Le pus que ces abcès contiennent est toujours le produit d'une inflammation lente, sourde, et se montre au dehors, loin de l'endroit dans lequel il s'est formé.

Les abcès par congestion reconnaissent pour cause première, la carie superficielle des os, et notamment du corps des vertèbres, du dos ou des lombes ; le pus va s'amasser particulièrement dans le tissu cellulaire qui environne les reins.

La cause première est très-fréquemment une humeur rhumatisante ; ceux qui ont couché sur la terre, et qui par conséquent ont eu des suppressions de transpiration, y sont sujets. Le vice scrophuleux en est aussi souvent la cause.

Le malade a éprouvé, avant la manifestation de la tumeur, une douleur plus ou moins vive, continue, qu'on regarde comme une fraîcheur, un rhumatisme : cette douleur altère souvent le teint qui devient jaune, pâle, mais les fonctions se font ordinairement très-bien ; quelquefois le teint reste naturel. On voit

LE GUIDE
DU
TEINTURIER.

LE GUIDE

DU

TEINTURIER;

OUVRAGE RÉDIGÉ D'APRÈS LES MEILLEURS AUTEURS, ET MIS A LA PORTÉE DES PERSONNES QUI S'OCCUPENT DE CET ART.

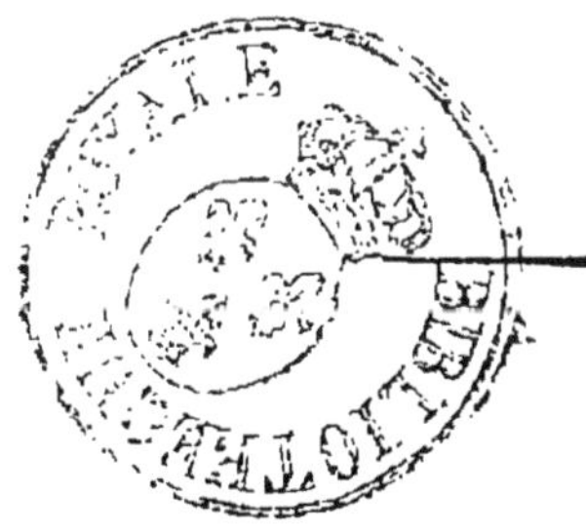

GENÈVE,

J. J. PASCHOUD, Imprimeur-Libraire.

PARIS,

Même maison de Commerce, rue de Seine n.° 48.

MDCCC XXI.

INTRODUCTION.

La plupart des opérations de la teinture, ayant éprouvé depuis 25 à 30 ans, de très-grands changemens, il a paru nécessaire de réunir, sous un petit volume, les meilleurs procédés employés dans la teinture du coton, du lin, de la laine et de la soie, dont plusieurs se trouvent épars dans divers ouvrages, destinés spécialement à la teinture de l'une ou l'autre de ces substances.

Les procédés donnés par Hellot, Le Pileur d'Apligny et autres, quoique renfermés avec beaucoup de précision et de méthode dans les précieux ouvrages du célèbre Berthollet et de Bancroft, s'y trouvant associés à des explications trop scientifiques pour la majeure partie des artisans, les ont fait malheureusement envisager, comme au-dessus de leurs connoissances.

Témoin, très-souvent de ce reproche, basé sur l'ignorance; le rédacteur de ce manuel, croit avoir atteint le but de l'artisan en resserant son travail, d'abord, dans une indication brève des caractères essentiels des principaux agens chimiques, suivie de procédés de teinture les plus généralement usités de la description des caractères des substances colorantes, et terminant par l'explication des changemens que les substances végétales et animales éprouvent dans l'acte de la fermentation ; cette opération étant très-importante à connoître pour se rendre raison de ce qui se passe dans une multitude des opérations de la teinture.

LE GUIDE DU TEINTURIER.

De la Nature du Lin, du Coton, de la Soie et de la Laine.

Le Coton est une substance filamenteuse, qui enveloppe les graines de la plante du cotonnier et qui est renfermé dans une capsule; il varie dans sa couleur du blanc au jaune, même du jaune au brun, d'après la plante et le climat d'où il provient. Les caractères de sa bonté s'établissent sur sa longueur, sa finesse, sa solidité et sa blancheur.

Le lin et le chanvre se retirent de la partie filamenteuse de l'écorce de ces deux plantes, dépouillée des matières étrangères qui se trouvent combinées avec elle par l'opération du rouissage, c'est-à-dire par l'exposition des plantes dans l'eau ou à la rosée, ensuite par leur desséchement à l'air.

La soie et la laine ont une très-grande analogie

dans leur composition, leur origine est trop connue, pour qu'il soit nécessaire d'en faire mention.

Le lin et le coton ont si peu d'affinité pour les matières colorantes, qu'il faut, pour les rendre susceptibles de recevoir la teinture, employer des corps intermédiaires qui, ayant de l'attraction pour l'une et l'autre de ces substances, leur servent de lien commun. Ces corps prennent le nom de mordant ou de base : tels sont le tartre, l'acétate et le sulfate d'alumine et de potasse (1); l'acétate et le sulfate de fer; cette dernière combinaison porte dans le commerce le nom de couperose verte. Le coton et le lin, comme substances végétales, présentent plus de difficultés à la teinture que la laine et la soie. La principale différence entre les substances végétales et animales, consiste en ce que les dernières, comme la laine et la soie, contiennent de l'oxigène de l'azote, peu de carbone, et beaucoup d'hydrogène; tandis que les premières contiennent de l'oxigène, beaucoup de carbone, peu d'hydrogène, et en général pas d'azote.

Il importe à tout teinturier d'acquérir autant que possible des idées exactes sur la nature et les

---

(1) On se servira dans l'ouvrage du nom d'Alun, pour désigner ce dernier sel, qui étant un sel triple, porte chimiquement le nom de sulfate d'alumine et de potasse.

propriétés des élémens (1) qui constitue les préparations dont il fait usage, tels sont l'oxigène, l'hydrogène, le carbone, l'azote, les métaux, etc., afin de ne pas être exposé à en faire de fausses applications.

Le but de cet ouvrage étant de faire connoître les meilleurs procédés à suivre dans les opérations de la teinture, et l'état actuel des sciences et du commerce plaçant l'artiste, dans le cas de se procurer facilement les compositions chimiques qui lui sont nécessaires, il a paru important d'énoncer les propriétés et les caractères essentiels de celles qu'il peut employer, le renvoyant pour les prescriptions ultérieures, principalement pour les moyens de les obtenir, aux précieux ouvrages des célèbres chimistes Berthollet, Chaptal, etc.

De l'Oxigène.

L'oxigène est un gaz inodore et insipide, qui jouit de la propriété de se combiner avec les corps simples, surtout avec ceux de nature métallique et de former avec la majeure partie d'entre eux, les composés connus sous le nom d'acides, et avec les

(1) On donne le nom d'élémens ou de corps simples, aux corps que le chimiste ne peut décomposer par aucun procédé.

métaux en général des composés que l'on désigne par le nom d'oxides, la rouille par exemple, est une combinaison de l'oxigène avec le fer; un oxide de fer. L'oxigène est l'un des principes élémentaires de l'air et de l'eau; il est indispensable à la vie des animaux et à la combution des corps, etc. Il fut découvert dans l'année 1774.

Pour donner une preuve évidente, que l'oxigène fait partie de l'air atmosphérique, et que c'est à sa présence, que ce dernier doit ses propriétés d'entretenir la vie et la combustion, il suffit de réfléchir sur ce qu'il se passe dans l'expérience suivante. Si l'on expose du mercure, dans un vase clos, soit un ballon de verre, à une chaleur convenable et soutenue pendant plusieurs jours, le métal perd peu à peu son brillant métallique, et devient pulvérulent et rouge, à sa surface, si l'on recueille l'air resté dans le vase, que l'on y plonge un corps allumé, ou qu'on y fasse passer un animal, il y périt à l'instant même, et le corps brûlant s'y éteint. Maintenant si, pour reconnoître d'où provient ce changement survenu à l'air atmosphérique, on soumet ce mercure rouge à une chaleur plus forte que celle à laquelle il avoit été exposé, et qu'on le renferme dans un vase disposé de manière à recueillir le gaz qui se dégageroit, celui que l'on obtiendra offrira tous les caractères de l'oxigène, et le mercure reprendra son brillant métallique en se volatilisant. L'air atmosphérique renfermé dans le vase avec le mercure, avoit donc perdu son oxigène pendant l'opération, le mercure s'étoit combiné avec lui, c'est-à-dire, étoit passé à l'état d'oxide, et l'air resté dans le ballon n'étoit plus que de l'azote, gaz impropre à la vie et à la combustion.

De l'Hydrogène.

L'hydrogène pur est toujours à l'état de gaz; il est incolore, il a une légère odeur d'ail. Sa pesanteur est, à-peu-près, quatorze fois moindre que celle de l'air atmosphérique; sa légèreté spécifique l'a fait appliquer à la construction des ballons.

Ce gaz fut appelé gaz inflammable, parce qu'il a la propriété de s'enflammer; mêlé à l'oxigène dans la proportion de deux parties pour une, il s'enflamme en détonnant à l'approche d'une bougie allumée, et le produit de la combinaison de ces deux gaz par l'effet de la combustion est de l'eau; il suit de là que l'eau n'est autre chose qu'un composé d'hydrogène et d'oxigène. Quoique ce gaz s'enflamme à l'approche d'un corps en ignition, cette action n'a lieu que lorsqu'il est en contact avec l'air atmosphérique, car il éteint les corps enflammés que l'on y plonge, et fait périr les animaux qui le respirent.

De l'Azote.

L'azote pur est toujours à l'état de gaz; il est inodore et insipide; il éteint les corps en combustion, il se mêle avec l'oxigène en toute proportion. Le mélange qui résulte de 79 parties d'azote de 21 d'oxigène, un peu de vapeur aqueuse et de gaz acide carbonique, constitue l'air atmosphérique.

Du Carbone.

On a donné le nom de carbone, au produit de la combustion d'une substance végétale ou animale, dépouillé par des lavages de tout principe étranger; dans cét état, il n'a ni odeur, ni saveur, il est ordinairement noir, facile à reduire en poudre. Soumis en vase clos à la plus forte action des fourneaux, il ne diminue pas de poids et ne change pas de nature. Brûlé dans le gaz oxigène à une température élevée, il donne naissance à un produit gazeux auquel on a donné le nom de gaz acide carbonique, dont les caractères sont, d'avoir une saveur légérement aigre, et une odeur un peu piquante; d'éteindre les corps en combustion, et d'asphyxier sur-le-champ les animaux qu'on y plonge; d'être plus pesant que l'air atmosphérique, ce qui lui fait occuper les couches basses de l'atmosphère dans les endroits où il se dégage. Ce gaz a la plus grande affinité pour la chaux, les alcalis, la magnésie, etc.; il est un produit de la fermentation vineuse: c'est lui qui s'échappe des vins mousseux et de la bière. Le charbon jouit de la propriété d'absorber les gaz avec lesquels il est en contact, ce qui l'a fait appliquer à une foule d'usages; soit pour purifier les eaux infectes, soit pour conserver les viandes ou les remettre en état. On l'emploie aussi avec succès pour décolorer les liqueurs salines; propriété dans laquelle le charbon animal l'emporte sur le végétal.

Du Soufre.

Le soufre est un corps solide, d'un jaune citron, très-friable; celui qui est connu sous le nom de soufre en canon, étant serré dans la main, craque et se rompt: sa cassure est luisante. Il est insipide et acquiert de l'odeur par le frottement: exposé à une certaine chaleur, il se volatilise, et reprend l'état solide par le contact des corps froids: c'est ainsi qu'on le réduit en molécules subtiles appelées fleurs de soufre. On fait cette préparation en petit dans des aludelles, qui sont des vases de terre, percés aux deux extrémités, que l'on place les uns sur les autres, dont la pièce qui termine l'appareil est fermée, pour empêcher l'expansion des vapeurs; on met le soufre dans la pièce inférieure, exposé à une douce chaleur, il se volatilise contre les parois; en grand, l'opération a lieu dans des espèces de cheminées ou de chambres où le soufre se fixe contre les murs restés à une basse température.

Lorsque le soufre est exposé à un degré de chaleur plus élevé que celui nécessaire à sa volatilisation, il se combine avec l'oxigène et passe à l'état d'acide. Mais l'acide produit, diffère selon l'élévation de température ou selon la vivacité de la combustion : lorsque la température n'est pas élevée, on obtient de l'acide sulfureux; mais si l'on rend la combustion vive et rapide on obtient l'acide sulfurique; ces acides diffèrent donc l'un de l'autre, en ce que l'oxigène est moins condensé, dans l'acide sulfureux, que cette combinaison conserve une disposition assez grande à l'élasticité, qu'elle ne se dissout qu'en quantité médiocre dans l'eau; et en ce que la proportion d'oxigène y est moins grande que dans l'acide sulfurique; cette dernière circonstance influe beaucoup sur leurs propriétés caractéristiques.

Des Acides.

L'oxigène en se combinant avec les diverses substances simples, métalliques ou autres, en opère la combustion ou l'oxidation, et donne naissance à des produits qui jouissent de propriétés différentes, et qui prennent, suivant la nature de celles-ci, le nom d'acides ou d'oxides. On avoit envisagé l'oxigène comme étant seul, susceptible de former des acides; mais les découvertes récentes ont apporté sur ce point des modifications, et l'on reconnoît aujourd'hui que l'hydrogène peut aussi donner naissance à ces sortes de composés. En effet, les combinaisons de l'hydrogène avec le cholore, l'iode et le soufre présentent tous les caractères qui constituent les acides, et portent les noms d'acide hydrochlorique ci-devant acide muriatique, d'acide hydriodique et d'acide hydrosulfurique.

Les acides excitent sur le palais une saveur particulière aigre ou acide; ils rougissent les couleurs bleues végétales excepté l'indigo; ils font effervescence avec les alcalis et les terres combinées avec l'acide carbonique.

De l'acide Nitrique.

Cet acide, nommé communément Eau-forte,

se retire du nitre, il est composé d'azote et d'oxigène, il est blanc, souvent jaunâtre; il exhale une odeur forte; il tache la peau en jaune, en la détruisant; il exerce la même action sur toutes les substances animales et végétales; il agit de même sur les couleurs; il dissout les métaux les plus usités, à l'exception de l'or et du platine.

De l'acide Sulfurique.

Le soufre en se combinant avec l'oxigène est susceptible de former, ainsi qu'il a été dit, deux acides : l'acide sulfureux et l'acide sulfurique.

L'acide sulfurique, dit dans le commerce, Huile de vitriol, est liquide, incolore (1); sa consistance est oléagineuse; son action sur la teinture de tournesol est si forte, qu'une seule goutte d'acide suffit pour en colorer en rouge une grande quantité. C'est un des plus violents caustiques que l'on connoisse; il désorganise sur-le-champ toutes les substances végétales et animales.

A l'état de concentration il n'a que peu d'action sur les métaux en général, lorsqu'on opère à la température ordinaire; mais il agit sur eux

(1) La couleur brune de celui du commerce, provient des substances végétales qui s'introduisent dans les vases, se trouvent par son action carbonisées et dissoutes.

avec des phénomènes divers lorsqu'elle est élevée.
Son poids est à-peu-près double de celui de l'eau pure; il attire toujours l'humidité de l'air; son mélange avec l'eau se fait avec chaleur, ce qui nécessite de le faire toujours avec prudence: il dissout l'indigo sans en altérer la couleur.

De l'acide Sulfureux.

Cet acide se présente sous forme gazeuse, sa saveur est forte et désagréable; son odeur est piquante et la même que celle du soufre en combustion; il excite la toux, et suffoque les animaux qui le respirent; il rougit d'abord la teinture de tournesol, mais ensuite il en affoiblit la couleur et la fait passer à celle de vin paillet : on s'en sert pour blanchir la soie et enlever les taches de fruits de dessus le linge.

De l'acide Muriatique.

Cet acide connu dans les arts et le commerce, sous les noms d'esprit-de-sel ou d'acide marin, a une odeur piquante, analogue à celle du safran; il exhale toujours une vapeur blanche; il provient de la décomposition du sel de mer; on le croyoit susceptible de se combiner avec diverses proportions d'oxigène, d'acquérir par là de l'élasticité, et une odeur très-irritante, on l'avoit appelé acide muriatique oxigéné; il en sera fait mention à l'article du blanchiment.

De l'acide Acétique.

L'acide acétique est celui des acides végétaux qui se rencontre le plus fréquemment dans la nature, et que l'art produit le plus facilement. On le trouve dans la sève de presque toutes les plantes, libre et uni à la potasse. C'est l'un des produits de toute fermentation acide que sont susceptibles d'éprouver les matières végétales. Toute liqueur vineuse qu'on expose au contact de l'air ne tarde pas à s'acidifier, et l'acide qui se forme est de l'acide acétique ou du vinaigre.

Cet acide pur est incolore, concentré son odeur est très-piquante, et sa saveur très-forte; son action sur la teinture de tournesol est très-grande; il a la propriété de se volatiliser sans se décomposer. Combiné avec certaines bases alcalines terreuses ou métalliques, il forme des sels dont plusieurs sont employés dans les arts.

Quoiqu'on l'obtient, en général, de la fermentation des liqueurs vineuses, on peut aussi s'en procurer par la distillation des bois, et dans ce cas, on le désigne dans le commerce par le nom de vinaigre des bois; ce dernier acide s'emploie avec avantage pour dissoudre le fer, dont la teinture est réservée à l'impression sur toile.

DES ALCALIS.

Ces sels ont une saveur âcre, brûlante et urineuse; ils verdissent plusieurs couleurs bleues vergétales, et brunissent les jaunes. Ils rendent les huiles miscibles à l'eau; les savons, qui sont une combinaison de principes gras et d'alcalis, en fournissent l'exemple; ils font effervescence avec la plupart des acides, et forment avec tous des sels neutres.

Les alcalis sont fixes ou volatils.

Les alcalis fixes sont l'alcali végétal, ou la potasse; l'alcali minéral, ou la soude.

La potasse, a reçu le nom d'alcali végétal parce qu'on la retire par le lavage des cendres des végétaux; elle se rencontre dans le commerce mélangée de sels et de terres qui en font considérablement varier les effets et la valeur.

La potasse attire l'humidité de l'air, et doit être conservée dans des magasins secs, et des vases biens fermés; elle perd cette propriété lorsqu'elle est super-saturée d'acide carbonique.

Lorsqu'on veut rendre la potasse plus active, on la prive par une ébullition avec de la chaux pure, dite chaux vive, de l'acide carbonique avec lequel elle se trouve combinée, la chaux s'empare de son acide carbonique, forme un carbonate de chaux, et la potasse pure ou caustique reste dans la liqueur (1).

On retire aussi la potasse du tartre crud des tonneaux, en l'incinérant, étendant les cendres dans l'eau, et évaporant à siccité les lavages tirés au clair; on obtient par ce procédé une potasse privée de tout sel étranger.

Les plantes herbacées fournissent, à poids égal, après leur dessiccation, beaucoup plus de cendres que les plantes ligneuses, et une plus grande proportion de potasse; le tronc donne moins de cendres que les branches, et celles-ci moins que les feuilles.

Les chimistes avoient donné à la Soude le nom d'alcali minéral, parce qu'on la trouve à la surface de la terre ou dans les souterrains, mais ces anciennes dénominations ont été abandonnées depuis que les deux alcalis fixes se sont rencontrés dans les substances minérales: on ne les désigne que par les noms de potasse et de soude. On en récolte une très-grande quantité en Egypte, en plusieurs endroits de la Barbarie, en Syrie, etc.

(1) On trouvera dans l'opération de la teinture du coton en bleu de Saxe, tous les détails de cette préparation.

Cependant la plus grande partie de celle dont on fait usage, est le produit de la combustion de quelques plantes qui croissent sur le bord de la mer. Elle cristallise en retenant une grande quantité d'eau, mais elle l'abandonne facilement à l'air, tombe par-là en efflorescence, et perd près de la moitié de son poids.

La chaux agit sur elle de la même manière que sur le carbonate de potasse, c'est-à-dire qu'elle lui enlève son acide carbonique, et qu'elle la rend caustique; c'est alors la soude pure, la lessive des savonniers.

L'alcali volatil ou l'ammoniaque s'obtient à l'état de gaz par la décomposition des sels dont il forme une des parties constituantes comme le muriate d'ammoniaque soit le sel ammoniac du commerce, on le conserve étendu dans de l'eau; combiné avec l'acide carbonique, il est à l'état cristallin. Ce sel n'est pas usité dans la teinture.

Vu qu'il est souvent très-important, dans une multitude d'opérations, de reconnoître la nature des liquides, que l'on emploie, c'est-à-dire, de déterminer s'ils sont acides ou alcalins, on atteint facilement ce but, au moyen de papiers d'épreuve, lesquels indiquent par les changemens qu'ils éprouvent, la nature, et la qualité des sels qui y sont en dissolution.

Le plus usité est le papier bleu de tournesol; que l'on prépare, en plongeant du papier blanc sans colle, dans une infusion de bleu de tournesol, (la couleur de l'infusion ne doit pas être trop foncée, parce que dans ce cas elle paroît d'un violet rougeâtre); ce papier bleu passe très-promptement au rouge par l'action des acides, même par celle de l'eau chargée du gaz acide carbonique, et il reprend sa couleur bleue en le plongeant dans une dissolution alcaline; on prépare donc un papier bleu rougi, en passant le papier bleu dans un mélange d'eau et de vinaigre, et le laissant sécher à l'air.

Le papier trempé dans une décoction de racine de Curcuma, prend une teinte jaune pâle, qui passe au brun rougeâtre par l'action des alcalis, et n'éprouve aucun changement par les acides.

Les infusions fraîches de fleurs de mauves et de violettes, privées chacune auparavant de leur calice, verdissent avec les alcalis et rougissent avec les acides.

La potasse et la soude se rencontrant dans le commerce plus ou moins pures, on peut juger aisément de l'état dans lequel elles se trouvent par la saturation de leur dissolution avec un acide quelconque. A cet effet, connoissant déjà, par un travail particulier, la quantité qu'il faut employer d'un acide d'une force déterminée, pour saturer une quantité donnée de potasse ou de soude, on procède à l'examen de ces sels de la même manière, et on juge de leur richesse en matière alcaline, d'après le plus ou le moins d'acide nécessaire à leur saturation (1).

De l'Alun, ou sulfate d'alumine et de potasse.

Ce sel, qui porte aussi le nom d'alun de Roche, a conservé cette dénomination dans le commerce, parce qu'on le fabriquoit à Roche en Syrie, et qu'il étoit apporté avec les marchandises de l'Orient; mais il se prépare depuis plusieurs siècles en Europe; celui de Rome est préféré pour les couleurs claires. Ce sel ne peut être préparé qu'en grand, l'addition de potasse est indispensable à sa composition, car la combinaison de l'acide sulfurique avec l'alumine ne donne qu'un sel en lames minces, brillantes, de difficile cristallisation.

Préparation de l'Acétate d'alumine.

Pour faire l'acétate d'alumine, on mêle la dis-

(1) On nomme saturation, l'opération par laquelle en mêlant un liquide alcalin avec un acide, leurs caractères sont détruits, et que les papiers d'épreuve n'éprouvent plus de changement dans ces liquides saturés; l'on appeloit autrefois cette opération, neutralisation.

solution d'alun et d'acétate de plomb, ou sucre de saturne, faites avec parties égales de chacun de ces sels, ou mieux encore, avec un peu moins d'alun que du sel de plomb; dans cette opération, il se fait une double décomposition; l'acide sulfurique s'unit au plomb; forme un sulfate de plomb qui, se précipitant, est facile à séparer, et l'acide acétique se combinant avec l'alumine, abandonnée par l'acide sulfurique, forme l'acétate de ce nom.

On prépare communément ce mordant, en dissolvant dans de l'eau chaude trois parties d'alun et une d'acétate de plomb, ajoutant une partie de potasse et autant de craie, afin de décomposer complettement l'alun, qui se seroit cristallisé dans l'évaporation du liquide et auroit été nuisible à l'application de la couleur.

Des Mordans.

On entend par la dénomination de mordans, des substances qui facilitent la combinaison du principe colorant sur les étoffes, ou qui la modifient, soit en variant les couleurs ou en leur donnant de l'éclat. On les emploie, ou seuls en en imprégnant l'étoffe avant de la passer à la teinture, ou mêlés aux parties colorantes.

Les mordans journellement employés pour la laine et la soie sont l'alun et le tartre, on se sert de ces deux sels réunis lorsque la couleur demande d'être réhaussée par un acide, comme pour la cochenille, la garance et le kermes, mais on ne doit aluner qu'avec l'alun, les laines destinées à être teintes, avec la gaude, le bois d'Inde, le bois de Brésil, dont les acides altèrent les couleurs.

Celui dont on se sert généralement pour le coton et le lin est l'acétate d'alumine; ce sel porté sur l'étoffe se combine avec elle; mais par son exposition à l'air, il perd une partie de l'acide acétique, l'alumine reste fixée sur l'étoffe, et la partie du sel non décomposée est enlevée dans le bain de teinture.

L'alumine est de toutes les terres celle qui possède au plus haut degré la propriété de se combiner avec le principe colorant et avec tous les genres d'étoffes; c'est par son moyen que l'on fixe sur les tissus des couleurs qui ne s'y seroient pas déposées, et cette terre adhère si intimément aux tissus, que lors même que la couleur en a disparu, l'étoffe est susceptible de recevoir une nouvelle teinte par l'effet de l'alumine qu'elle retient.

Les acides, auxquels on donne aussi le nom de mordans, ne jouissent pas de cette propriété en combinant le principe colorant avec l'étoffe, mais en l'avivant par l'altération qu'ils occasionnent, car ils emportent une partie de la couleur retenue par l'étoffe, ils se combinent avec la petite quantité restée adhérente, et ils la rendent par-là plus éclatante.

Les alcalis agissent sur les couleurs, en diminuant l'effet des mordans acides, et variant les nuances d'un grand nombre de couleurs ; ils dissolvent la plupart des substances colorantes, mais ils ne contribuent pas à leur fixation sur les étoffes.

Les mordans qui ont pour base des oxides métalliques sont en petit nombre ; le fer, le cuivre et l'étain, sont les trois métaux qui sont employés à cet usage ; il faut que l'acide dans lequel ils sont dissous ait avec eux une foible affinité ; ils se combinent plus aisément et plus fortement avec les substances animales que les végétales, à l'exception de l'oxide de fer.

Le mordant à base d'étain ne porte dans sa combinaison avec l'étoffe et le principe colorant qu'une base décolorée, mais les deux autres modifient par leur union la couleur des parties colorantes.

De l'Acétate de fer.

On prépare l'acétate de fer, en exposant des fragmens de fer, à l'action du vinaigre ordinaire, ou de celui obtenu de la combustion des bois, avec ou sans le contact de l'air, suivant la nuance que l'on veut obtenir.

Lorsque l'on juge la dissolution achevée, on découle la liqueur, soit parce que le fer à l'état métallique, précipite de la dissolution un sel très-oxidé, soit qu'en tenant cette préparation à l'air elle s'oxide d'avantage et prend une teinte plus foncée. Cette dissolution ne cristalise point, elle rougit fortement la teinture de tournesol.

Sur le blanchiment du Coton, du Lin et du Fil.

L'art du blanchiment exigeant un attelier particulier et des connoissances indépendantes de celles de la teinture; il ne sera présenté ici, qu'une description abrégée des principales opérations, par lesquelles on fait passer ces matières, pour leur donner les degrés de blancheur qu'elles doivent avoir, renvoyant pour des informations plus détaillées aux différens traités qui ont paru sur ce sujet.

Le coton est recouvert d'un vernis, qu'il faut lui enlever, autant pour lui donner un beau blanc, que pour le rendre propre à la teinture. On atteint ce but, en procédant comme suit: on fait premièrement un lavage à l'eau courante, ou dans des moulins à foulons, pour enlever l'enduit que les tisserans mettent à la trame; ensuite, pour emporter le vernis du coton ou sa gomme, on le lessive dans une eau alcaline, parce que cette gomme est insoluble dans l'eau, à cet effet, on place les étoffes de coton dans un cuvier, on les recouvre d'une toile grossière, sur laquelle on pose des cendres de bois, et on y jette de l'eau bouillante, puis on soutire l'eau par la chante-pleure, on la reporte à l'ébullition; on la rejette sur les cendres, et on continue ce travail pendant quelques heures, enlevant les cendres quand on les juge épuisées de principes alcalins, et continuant toujours de rejeter l'eau bouillante sur le coton pendant un certain temps.

Cette lessive achevée, on lave la toile à l'eau courante, et si on ne la trouve pas assez blanche, on lui en donne une seconde.

Cette opération se nomme le dégommage, ou le décreusage. On a proposé divers autres moyens, qui tendent tous à appliquer l'action des alcalis d'une manière plus active; soit en exposant les cotons imbibés d'une liqueur alcaline, à l'effet de vapeurs aqueuses; soit en employant des lessives alcalines caustiques; mais ce dernier procédé nécessite beaucoup de précautions, pour ne pas enlever la force de l'étoffe.

Les lessives alcalines emportent l'enduit gommeux du coton, mais elles ne lui donnent pas toute la blancheur désirée ; il faut encore l'exposer à l'action de l'oxigène, pour rendre soluble une autre matière qui le recouvre ; aussi cette seconde opération se nomme le Blanchiment ; elle a lieu, ainsi que la précédente, par différens procédés, dont l'action est plus ou moins prompte. Celui qui est usité depuis très-long-temps, consiste à étendre les toile sur un pré, à les laisser exposées à l'ation de l'air et du soleil, puis au bout de quelques jours, à les enlever, à les laver à l'eau courante, à leur donner une nouvelle lessive, et à les exposer de nouveau sur le pré ; on réitère ces opérations, autant que cela est nécessaire pour donner un beau blanc ; et on les termine en passant la toile à l'eau de savon, la rinçant à l'eau courante et l'étendant de rechef trois à quatre jours sur le pré.

On peut aisément juger combien cette opération est longue, dispendieuse et de quelle importance fut l'application de l'acide muriaque oxigéné ou chlorine, que substitua le célèbre Berthollet. Cet acide qui étoit envisagé comme une combinaison foible d'acide muriatique et d'oxigène, dont on attribuoit l'action de blanchir, à la propriété que possède l'oxigène libre de se combiner avec les substances qui lui sont exposées, et de rendre ainsi les parties colorées dissolubles dans les alcalis ; a été reconnu depuis peu d'années avoir le chlore pour principe élémentaire, substance qui a la propriété destructive de l'oxigène, et qui combinée avec l'hydrogène forme la base de l'acide muriatique, désigné sous ce rapport par le nom d'acide hydrochlorique. On trouve dans l'art de la teinture du savant chimiste désigné, tout le détail du procédé à suivre dans ce genre d'opération, ainsi que les précautions à prendre dans son emploi.

Pour faciliter la séparation de la matière colorante du fil et du lin, on fait précéder les opérations de leur blanchiment par la suivante.

On les laisse séjourner quelque temps dans des cuviers pleins d'eau; après cinq à six jours, il s'établit une fermentation, que l'on a soin d'interrompre, parce que son action trop soutenue, altéreroit les toiles, puis on les lave, on les lessive et on les blanchit comme le coton. On accélère dans le Nord cette dernière opération, en laissant séjourner les toiles de lin dans des liqueurs acides, pour lesquelles on emploie du lait aigri, ou des cuves en fermentation, formées de son ou de farine étendus dans de l'eau : l'acide qui se forme par l'effet de la fermentation, étant le principe qui procure le blanchiment, on a substitué à ces cuves fermentées des bains foibles d'acide sulfurique. Le fil n'acquiret une grande blancheur que par une suite d'opérations presque en nombre double de celles nécessaires pour le coton.

Observations sur l'emplacement du teinturier.

L'attelier du teinturier doit être vaste, et très-clair; l'aire doit être recouverte d'un enduit de chaux et de ciment, et incliné pour faciliter l'écoulement de l'eau et des bains de teinture; il doit surtout être placé près d'une eau courante.

Un teinturier ne peut jamais être trop scrupuleux sur la nature de l'eau dont il se sert; car si elle contient du fer, cela est nuisible à la plupart des couleurs, excepté pour les noirs, les bruns, etc. Pour découvrir si l'eau est ferrugineuse, il suffit d'en remplir un verre et d'y jeter un peu de décoction de noix de galle ou de prussiate de potasse, s'il se produit une couleur pourpre ou une bleue, on peut être certain qu'elle en contient; pour porter un jugement assuré, dans le cas où ces changemens n'auroient pas lieu instantanément, il faut laisser l'eau éprouvée pendant 24 heures en repos, l'action de ces réactifs n'ayant quelquefois lieu que très-lentement.

Pour les couleurs délicates, on fait bouillir l'eau dont on veut se servir sur un sac de son suspendu dans la chaudière; toutes les substances qui nuiroient à la beauté de la couleur se rassemblent à la surface comme une écume, et on les enlève avec une cuiller. On peut pour le même objet employer l'alun, lorsqu'il s'agit de couleurs qu'il ne détériore pas.

Moyen d'employer le mordant d'Acétate d'alumine pour l'impression sur Coton, ou pour sa teinture en jaune ou en rouge.

On prépare d'abord ce mordant, comme il a été indiqué, on l'épaissit avec de la colle-de farine ou de la gomme de Sénégal, on l'étend sur un châssis avec une presse semblable à celle qu'on emploie pour le papier, mais ayant un cylindre plus long et d'un plus grand diamètre, et dès que ce travail est fait, l'imprimeur applique sa planche sur le châssis, la charge du mordant, la place ensuite sur une pièce de coton disposée sur un chausse étendue sur une table, il frappe sur la planche deux ou trois coups avec un petit marteau, ou bien il la comprime au moyen d'une presse à cylindre, et l'acétate se dépose mécaniquement dans les pores du tissu. Après cette opération, on met la pièce dans une étuve; où séchant à une température élevée, l'acétate se décompose, l'acide acétique se volatilise par la chaleur, et l'alumine reste fixée sur l'étoffe. On passe ensuite la pièce dans une cuve de garance si on veut la teindre en rouge, ou dans une cuve de gaude si c'est en jaune.

Pour teindre et reteindre en jaune des tissus de Coton.

La première observation du teinturier, doit toujours se porter, surtout pour les couleurs claires, sur la blancheur des écheveaux ou des tissus qu'il doit passer à la teinture : conséquemment le coton, à teindre en jaune étant d'un beau blanc, on fait bouillir dans une chaudière une quantité de gaude proportionnée au nombre de pièces à teindre, et à la nuance que l'on désire : on prend depuis une partie jusques à une et demi de gaude pour une de coton; on la renferme dans un sac pour qu'elle ne s'élève pas dans le liquide, on entretient l'ébullition pendant une demi-heure, et l'on coule le bouillon dans une cuve, à laquelle on ajoute de l'eau froide jusqu'à donner une température que la main peut supporter. On doit avoir dans le même local deux autres cuves, contenant l'une une dissolution d'alun assez forte, et l'autre de l'eau froide.

Tout étant ainsi disposé; deux personnes habituées à ce genre de travail, prennent la pièce par les bords et la passent rapidément et d'une manière uniforme six fois de suite dans le bain de gaude, puis ils la plient sur une planche fixée sur la cuve et ils la tordent. On procède de la même manière avec toutes les pieces pour lesquelles le bain a été préparé : ensuite on les travaille dans la dissolution d'alun, on les retire, on les tord et on les lave. Pendant ces dernières opérations, on fait bouillir la gaude dans de la nouvelle eau; on jette une partie du premier bouillon, et on la remplace par une égale quantité du second; on soumet de rechef les tissus aux mêmes opérations que la première fois, on les tord, on les passe dans la dissolution alumineuse qu'on a renforcée; puis on les tord, et on les porte dans la troisième cuve du lavage. En plusieurs circonstances, on emploie le vert-de-gris au lieu d'alun; dans d'autres, on les emploie simultanément; et pour certaines teintes, on se sert de bois jaune au lieu de gaude, et de sulfate de cuivre au lieu de vert-de-gris.

Les dissolutions d'alun, de vitriol bleu et de vert-de-gris sont très-faciles à préparer. Il faut avoir pour chacune d'elles une cuve dont la grandeur soit en proportion avec le travail qu'on doit faire, cependant celle d'alun doit être plus grande que les deux autres.

Quand les tissus jaunes sont teints et tordus autant que possible, on les renferme dans une étuve, dont la grandeur doit être proportionnée au nombre des objets à sécher. Quand ils sont secs, on les envoie au calendreur, si le cas l'exige; il est plus généralement usité de leur donner de la roideur lorsqu'ils sont secs, au moyen de l'empois après quoi on les lustre.

Les tissus dont la teinte est affoiblie par l'action du soleil et du temps, demandent pour être rétablis de repasser par les mêmes opérations que la première fois; mais il faut leur donner une teinte beaucoup plus forte que celle qu'ils avoient primitivement reçue. Voici le procédé à suivre pour cette opération. On commence par enlever à l'étoffe la teinte qui lui reste, en la soumettant le temps convenable à l'action d'un bain d'eau claire aiguisée d'une quantité d'acide sulfurique, capable de former un liquide fortement acide, si l'effet n'avoit pas lieu au bout de 24 heures, on ajouteroit une nouvelle quantité d'acide, avec la précaution d'agiter, pour que la combinaison fût uniforme, et on repasseroit les pièces dans le bain. Quand on a obtenu l'effet désiré, après avoir lavé l'étoffe on la passe dans les bains de teinture, la dissolution d'alun, et le lavage comme dan la premières opération; ces tissus ne reçoivent jamais un aussi beau teint que la première fois.

Quelques tissus demandent, pour être susceptibles de recevoir une nouvelle teinture, l'emploi de l'oxi-muriatique de chaux; tels sont ceux dont la teinture primitive avoit pour parties constituantes la garance, la noix de galle, etc. Dans ce cas, il sera plus économique de recourir au blanchisseur. Cependant, si le teinturier croit pouvoir faire cette opération, il fera dissoudre l'oxi-muriate de chaux dans un tonneau, en quantité proportionnelle à celle des tissus qu'il veut décharger de leurs couleurs, et après qu'ils y auront été passés il les lavera au moins dans deux eaux avant de les porter à la teinture.

Pour teindre le Coton en bleu de Saxe.

On obtient cette couleur par une combinaison d'acide sulfurique et d'indigo.

La préparation se fait de la manière suivante : on met dans une jarre de grès ou dans un flacon de verre, quatre livres d'acide sulfurique concentré, on ajoute douze onces d'indigo bien pulvérisé, et on agite le mélange promptement et fréquemment avec une baguette de verre ou un bâton dépouillé de son écorce. On laisse ces ingrédiens en macération pendant 48 heures, puis on neutralise l'acide sulfurique au moyen d'une substance alcaline. La chaux et la magnésie ont été quelquefois employées, mais on se sert généralement d'une dissolution de potasse pure que l'on prépare de la manière suivante.

On dissout dans un vase de fer ou de grès, une partie de potasse dans six parties d'eau chaude, et l'on y jette successivement une partie et demi de chaux-vive, grossièrement pulvérisée, agitant le mélange pour faciliter le dégagement de la partie du gaz acide carbonique, qui ne se combine pas avec la chaux : (le vase dans lequel on opère, doit pouvoir contenir deux à trois fois le volume des sustances employées, pour éviter que le liquide ne se répande par le soulèvement qu'il éprouve); si l'opération se fait en petit, on doit entretenir le liquide en ébullition pendant une demi-heure, puis le filtrer rapidément par une toile; si elle a lieu en grand, on jette l'eau bouillante sur le mélange de potasse et de chaux-vive dans un vase de bois blanc muni d'un couvercle, on agite bien le mélange, et on le laisse 2 heures de temps en action, puis on décante le liquide par un robinet fixé au-dessus du dépôt, ou on le passe par une toile s'il n'étoit pas clair.

Pour reconnoître si l'acide carbonique a entièrement abandonné la potasse, on prend un peu de la dissolution dans un verre et on y fait tomber quelques gouttes d'acide sulfurique étendu d'eau; s'il ne se fait aucune effervescence, c'esta-dire, si l'acide sulfurique se mêle dans la dissolution sans y produire aucun effet, l'opération est achevée; si au contraire, la potasse, retient encore de l'acide carbonique, l'addition de l'acide sulfurique détermine une effervescence. Dans ce cas, il faut reprendre le mélange et le traiter avec une nouvelle petite quantité de chaux, quand enfin la potasse est entièrement décarbonatée, on soutire la dissolution, et on la conserve dans des bouteilles bien bouchées, pour s'en servir au besoin.

On peut aussi apprécier la force des dissolutions de potasse ou de soude, par leur densité comparée à celle de l'eau.

	onc.	drag.	gr.
Une pinte angloise d'eau douce pèse	15	3	12
Une même quantité de lessive concentrée	17	6	18

La différence entre les deux nombres est de deux onces trois dragmes et six grains, ce qui exprime la quantité d'alcali contenue dans la dissolution.

Maintenant pour porter le bleu de Saxe sur le coton; on met dans un plat de grès, de grandeur convenable, une partie de la dissolution d'indigo, à laquelle on ajoute une suffisante quantité de la dissolution alcaline caustique pour en saturer l'acide; ayant soin de bien remuer le liquide, et de rendre le mélange parfait; on juge ensuite de l'état du bain par son action sur les papiers-d'épreuve, ou sur un échantillon de coton plongé dedans; si le bain est acide la couleur que le coton prendra sera tendre et le papier bleu rougira; elle sera belle, au contraire s'il est neutre, et le papier n'éprouvera pas de changement. Si l'acide domine beaucoup, le coton perdra sa force; si, au contraire, il prend une belle teinte en conser-servant sa force, le bain de teinture sera tenu pour bon.

Alors après avoir lavé et tordu les tissus de coton, on les travaille dans une cuve d'eau, dans laquelle on mêle une plus ou moins grande quantité de la dissolution d'indigo saturée, suivant la teinte que l'on désire.

Pour deux pièces de 24 à 28 fils chaque, il suffit d'une demi-pinte à une pinte, si l'on ne veut pas un bleu bien intense.

On laisse ensuite sécher ces bleus à la température ordinaire; si c'est de la mousseline, on l'encadre; si c'est de la fourniture, on la gomme, on la lustre ou on la calandre.

Pour teindre le Coton en Vert de Saxe.

On peut employer pour cette couleur la cuve

de bleu de Saxe, mais il vaut encore mieux en faire une autre, que l'on compose de la manière suivante : on prend huit onces d'indigo pulvérisé et quatre livres d'acide sulfurique ; la qualité de cette composition sera d'autant meilleure, qu'elle aura été préparée deux à trois mois d'avance, parce que la division de l'indigo en sera plus exacte, devant être souvent agitée pendant ce temps-là. On prépare séparément une forte décoction de bois jaune, si on ne l'avoit pas en réserve.

On mêle dans une cuve six seaux d'eau, une pinte soit deux livres de la dernière dissolution d'indigo *saturée*, et six de la décoction de bois jaune ; on agite bien ensemble ces trois ingrédiens.

Ce bain étant ainsi préparé, on passe d'abord le tissu de coton, dans une forte décoction de bois jaune, d'une température susceptible d'y tenir la main, et après l'avoir retiré, on ajoute dans cette chaudière une quantité du mélange indiqué, proportionnée à l'intensité de la nuance que l'on veut obtenir, et l'on y passe l'étoffe, l'agitant convenablement ; après quoi, quand on juge la teinte bien égale, on retire l'étoffe et on la fait sécher, dans une étuve d'une chaleur modérée.

Pour teindre le coton en bleu dans la cuve d'indigo, on suit d'autres procédés ; mais quoique cette cuve se prépare de différentes manières, les procécédés ne varient que dans de légers changemens apportés aux proportions des ingrédiens dont on la compose, voici le plus généralement usité. On mêle dans une cuve de la contenance de 5 à 6 quintaux d'eau les préparations suivantes. On fait bouillir 5 à 6 livres d'indigo pulvérisé, dans une lessive alcaline caustique, faite à raison d'un poids de potasse double de celui de l'indigo, et de moitié de chaux-vive, on entretient l'ébullition, jusqu'à ce que l'indigo soit bien pénétré, ayant soin de remuer le fond exactement, afin que l'indigo ne s'attache, ni ne se brûle.

D'un autre part, on fait éteindre un poids de chaux-vive égal à celui de l'indigo employé, on l'étend dans 40 livres d'eau chaude et on y dissout un poids de couperose verte double de celui de la chaux. On mêle ces deux préparations dans la cuve remplie d'eau à moitié, ainsi que la partie de la lessive caustique qui n'auroit pas été employée dans l'ébullition de l'indigo; on achève de remplir la cuve à-peu-près, ou la pallie, c'est-à-dire, on l'agite avec un rable deux à trois fois par jour, jusqu'à ce qu'on la juge en état d'être employée; ce qui se reconnoît en ce qu'elle se couvre d'une écume d'un bleu cuivré, dite fleurée, qui a lieu par l'effet de la fermentation qui s'établit, et que ce liquide prend une couleur verte qui passe au bleu par l'exposition à l'air: quand elle est parvenue à ce point on y plonge l'étoffe, comme il le sera indiqué. Lorsque la cuve est épuisée, on la remplit de nouveau; si la liqueur noircit, il faut ajouter de la couperose; si elle jaunit, de la chaux: quand l'indigo s'épuise, il faut, en ajouter une nouvelle quantité, avec les précautions qu'on avoit d'abord prises.

La cuve destinée au bleu, pour les mousselines, calicots etc., doit être de forme carrée, avoir environ 7 à 8 pieds de long, et 4 à 6 de large, sur 7 à 8 pieds de profondeur. Il faut avoir deux ou trois de ces cuves, établies à divers jours de distance l'une de l'autre, en les agitant quelques heures avant de s'en servir. Tout étant ainsi disposé on passe le coton sur la cuve la plus épuisée, dans le cas où l'on en auroit une dont on se fut servi, continuant d'une cuve à l'autre jusqu'à ce que l'on ait obtenu la nuance que l'on désire; on ne laisse le tissu dans le bain que 5 à 6 minutes, l'exposant à l'air entre chaque immersion; le coton doit être mouillé avant de le plonger dans la première cuve. Quand il est assez bleu et qu'il a suffisamment éprouvé l'action de l'air, on le soumet à deux ou trois bons lavages dans un courant d'eau limpide; et quand on juge qu'ils sont suffisants, on le fait sécher pour l'envoyer au calandreur ou au lustreur.

On prépare encore une autre espèce de cuve

de bleu à froid pour le coton et le fil, en mêlant dans une quantité d'eau suffisante, une partie d'indigo pulvérisé, deux parties de couperose verte et deux de chaux-vive, on la pallie plusieurs heures de suite, on la laisse reposer 2 heures et on y passe les tissus.

Haussmann a fait connoître une solution d'indigo pour peindre les mousselines imprimées, que l'on prépare en mêlant dans deux cents livres d'eau, six d'indigo pulvérisé, et trois de potasse; plaçant le tout sur le feu dans une chaudière, et ajoutant (pour rendre l'alcali caustique) aussitôt que le mélange commence à bouillir, six à huit livres de chaux-vive, par petites portions; ensuite, douze livres d'orpiment rouge, et faisant bouillir jusqu'à ce que le liquide jaunisse le verre transparent.

Pour teindre le Coton vert foncé avec la Cuve d'Indigo à froid et le bain de Gaude.

On teint d'abord le coton en bleu, et on le passe dans une décoction de gaude, dont l'intensité doit être en raison du vert que l'on veut obtenir, puis on le lave à l'eau claire.

Pour teindre le Coton buffle foncé.

On dissout dans une terrine de grès vernissée (1), ou dans un vase de porcelaine ou de verre, la ferraille dans de l'acide nitrique, dit Eau-forte, ayant soin 1.° de ne remplir le vase qu'à moitié, à cause du boursoufflement qui a lieu pendant la dissolution; 2.° de ne jeter le fer que par petites portions et jusqu'à saturation de l'acide; 3.° de placer le vase en plein air, vû que les vapeurs nitreuses rouges qui se dégagent, sont dangereuses par leur action sur les poumons. Cette dissolution de fer se conserve sans altération.

On en mêle une livre dans une cuve d'eau chaude, dont on puisse supporter la chaleur, cette quantité est suffisante pour deux pièces de 24 fils chaque : on peut en augmenter la proportion suivant l'intensité de la couleur que l'on veut obtenir. On doit avoir à ses côtés une seconde cuve d'eau chaude dans laquelle on jette une dissolution claire de potasse; et une troisième cuve pleine d'eau froide.

(1) La poterie de grès est vernissée par du sel marin, elle a le grand avantage de supporter le feu, et de résister aux acides, tandis que la poterie commune est recouverte d'un oxide de plomb, que les acides attaquent, et dont le mélange altéreroit les couleurs.

Tout étant ainsi disposé, on trempe d'abord les pièces dans l'eau chaude, ensuite on les plonge cinq à six fois dans la dissolution de fer, ayant soin de les étaler chaque fois régulièrement, pour que la teinture soit uniforme, après quoi on les tord sur une planche fixée sur la cuve, puis on les passe dans la dissolution de potasse, et enfin dans la cuve d'eau froide, on achève l'opération en les lavant à l'eau courante.

Pour teindre le Coton Œillet.

On prend une quantité de carthame déterminée par la bonté de ce végétal et par le nombre d'objets sur lesquels on veut opérer; on la met dans un sac et on la foule dans l'eau tant qu'elle se jaunit, afin d'emporter la couleur jaune qui est soluble dans l'eau et qui altéreroit la couleur rouge insoluble que l'on veut obtenir; car le carthame contient deux principes colorans, l'un jaune et l'autre rouge. Quand le carthame est parfaitement lavé, on le retire du sac, on met ce qu'il reste d'un quintal pesé sec, dans une grande cuve, avec une dissolution claire de six livres de potasse, l'on agite bien le mélange, on le laisse pendant quelque temps en macération, on passe le liquide par une toile, et l'on juge si toute la couleur n'a pas été enlevée, lorsqu'en exposant le carthame de rechef à l'action d'une moindre solution de potasse, il la colore.

Le liquide obtenu a une teinte cerise, et soit pour aviver sa couleur, soit pour l'enlever à l'alcali et la faire se disposer sur le tissu, on verse dans le bain une dissolution de crême de tartre ou de suc de citron, jusqu'à le rendre aigrelet. La dissolution de crême de tartre, doit se faire dans l'eau bouillante et n'être ajoutée qu'à-peu-près froide. On passe les pièces cinq ou six fois dans ce bain comme pour toute autre couleur et on les fait sécher. On utilise ce qui reste de matière colorante dans le bain, en y plongeant quelques écheveaux de coton.

Cuve d'Indigo pour la Soie.

On prépare la cuve de bleu pour la soie, en faisant bouillir dans une chaudière pendant un quart d'heure six livres de potasse, une livre à une livre et demie de garance, huit livres de son, bien dépouillé de farine par des lavages, et huit livres d'indigo bien broyé à l'eau. On jette le tout dans la cuve à cet usage, on l'agite avec soin, et on la couvre. Cette cuve doit être entretenue chaude pendant 48 heures, au moyen du tuyau de chaleur préparé dans le contour de la maçonnerie où elle est fixée, il faut remuer la matière toutes les 12 heures, jusqu'à ce qu'elle soit devenue bleue, ce qui a lieu au bout de 48 heures quand le travail est bien conduit, le bain qui se trouve alors d'un beau vert recouvert d'une écume bleue cuivreuse, peut être employé.

Les cuves de bleu indiquées, pour la soie ne doivent être employées, que lorsque la chaleur est assez ralentie, pour qu'on puisse y tenir la main; on doit avoir auparavant fait cuire la soie dans une forte eau de savon et l'avoir dégorgée dans une eau claire; prenant difficilement une teinte égale, elle ne doit être plongée que par petites parties; et après avoir été plusieurs fois repassée dans le bain, et fortement exprimée, il est essentiel de l'éventer, pour faire passer la couleur verte au bleu; après quoi on la jette dans l'eau claire, et on la tord. Quand on prépare une cuve pour le vert, il faut y mettre le double de garance: on obtient dans ce cas un vert plus foncé, plus solide et qui plaît mieux à l'œil; quand elle s'épuise, elle devient brune et presque couleur de bière, tandis que celle qui contient moins de garance noircit.

La cuve doit avoir, pour les quantités d'indigo ci-dessus, environ 5 pieds de profondeur, 2 ou 4 pieds 6 pouces en diamètre à la partie supérieure, et 1 pied ½ ou 2 pieds à la base, de manière à présenter la forme d'un pain de sucre renversé.

Lorsqu'on veut obtenir diverses teintes de bleu, on plonge la soie destinée à recevoir les plus sombres, dans une cuve récente, et on la tient dans le bain jusqu'à ce qu'il ne soit plus propre que pour les teintes claires. Quand la cuve a perdu entièrement sa force, on la ranime au moyen de la composition suivante : on prend une livre de dissolution de potasse, deux onces de garance, et une poignée de son lavé : On fait bouillir tout cela ensemble pendant un quart d'heure, soit dans une portion du premier bain, s'il y en a suffisamment pour qu'on puisse en employer à cet usage ; lorsque cette composition a été ajoutée à la première cuve, on agite et on laisse reposer deux ou trois heures, avant de s'en servir. Pour les bleus fins, une cuve fraîche est préférable ; pour les bleus foibles une cuve établie avec moins d'indigo vaudra mieux que celle qui a été affoiblie, parce que dans cet état même elle donne encore des couleurs plus vives.

Pour teindre la Soie en Violet, Pourpre, etc.

On fait bouillir dans une chaudière une quantité d'orseille déterminée par l'intensité de la couleur que l'on veut avoir, depuis deux jusqu'à quatre fois le poids de la soie. Quand l'ébullition a été prolongée dix minutes, il faut retirer le feu, laisser reposer, décanter le liquide dans un vase de grandeur convenable, dans lequel on place la soie pour la travailler avec soin. Pour se guider dans l'insensité du rouge à donner, il faut plonger des petits échantillons, ayant égard à la masse de la soie que l'on veut teindre en pourpre, car le pourpre, est une couleur composée, qui se forme par la combinaison du bleu indigo et du rouge de l'orseille. Quand on a obtenu un rouge assez intense, on lave et on met la pièce dans la cuve de bleu, avec les précautions convenables; l'intensité du rouge et le pied de bleu doivent être déterminés par les échantillons qu'on veut imiter.

On donne aussi à la soie les mêmes couleurs avec le bois de Campêche et de Brésil, en commençant par l'aluner, et la laver avant de la passer dans une forte décoction de ces bois; on ajoute à celle de Campêche de la dissolution de potasse, pour en réhausser la couleur.

Pour teindre la soie avec le bois de Brésil et l'orseille. On l'alune, on la passe dans une décoction de Brésil, conformément à la teinte demandée, on la lave et on la traite dans le bain d'orseille, on la lave une seconde fois, puis on la tord et on la fait sécher avec les mêmes soins que pour les verts et les bleus.

Pour teindre la Soie Lilas.

Comme le lilas est une combinaison légère de violet et de pourpre, il faut prendre de grandes précautions dans la teinture en bleu; les cuves bleues ou rouges étant en général trop fortes, il faut mêler un peu d'une cuve fraîche avec une dissolution de potasse dans de l'eau froide, et préparer exprès une liqueur dans laquelle on puisse à volonté bleuir ou rougir les tissus. Au premier moment qu'on mêle ces ingrédiens, le mélange bleu prend une couleur verte, qui se perd promptement et tourne au bleu. La bain rouge passe aussi au violet par l'action de la potasse.

On peut aussi teindre la soie lilas, en employant le bleu de Saxe avec l'orseille dans des proportions déterminées par la teinte qu'on veut obtenir.

Pour teindre les Mousselines Lilas.

On mêle le bleu de Saxe, avec la teinte œillet que donne le carthame dans des proportions déterminées par la teinte qu'on désire.

Du dégraissage de la Laine.

La laine en toison est enduite d'une substance grasse, que l'on nomme suint, qui la préserve des teignes; quand on la destine à la teinture, il faut lui enlever cet enduit, c'est-à-dire, la dégraisser; à cet effet, on l'expose pendant un quart d'heure dans une chaudière contenant un mélange d'une partie de vieille urine et trois parties d'eau, dont on élève la température au degré que la main peut supporter, on la retire, on la laisse égoutter et on l'expose ensuite dans des corbeilles à un courant d'eau claire, ayant soin de la remuer, jusqu'à ce que l'eau ne sorte plus blanchâtre, et on la met égoutter: pour la blanchir au savon, on l'emploie dans la proportion de 7 à 14, et même de 21 livres et plus par paquet de deux cent cinquante livres de laine, suivant qu'elle est fine ou grossière. Lorsqu'elle est filée, elle exige moins de savon que le fil grossier; elle est beaucoup moins impure.

Cuve de bleu pour la Laine par l'Indigo et le Pastel, dite Cuve *de* Pastel.

On doit employer pour cette opération une cuve, dans laquelle on puisse entretenir la chaleur, comme il l'a été indiqué pour la cuve d'indigo à l'usage de la soie; la grandeur du vase et les proportions, dépendent des opérations que l'on se propose de suivre.

Divers procédés ont été prescrits pour la préparation de cette cuve; le plus généralement usité est encore celui d'Hellot. On expose pendant 2 à 3 heures dans une chaudière, à-peu-près au degré d'ébullition un mélange de 80 livres d'eau, d'une once de garance, d'une once de son, et de 5 livres de pastel bien divisé; on agite le tout souvent et long-temps, après cela on vide la chaudière dans la cuve où la chaleur doit être entretenue avec soin, on la recouvre avec des tapis de laine et un couvercle de bois, et toutes les 2 ou 3 heures, on agite le liquide avec un rable pendant un quart d'heure, replaçant exactement le couvercle chaque fois. Au bout de 12 heures de temps que le mélange est en action, on y ajoute deux onces de chaux-vive, et quelques heures après, on y jette une once d'indigo bien pulvérisé et broyé dans de l'eau, ne négligeant jamais d'agiter à chaque addition de nouvelles substances; 2 heures après on jette dans la cuve encore une once de chaux-vive, et on aperçoit une odeur douçâtre; on place dans le liquide un échantillon, on le retire une heure après, on juge de la teinte, et 3 heures après, on ajoute trois onces d'indigo préparé comme le premier; au bout d'une heure, on place un nouvel échantillon, et si quand, on le retire, il est trouvé d'un bon vert et prend à l'air une belle teinte bleue, on ajoute encore une once de chaux-vive éteinte, on remue le bain, on achève de le remplir d'eau, on le recouvre et peu d'heures après se trouvant être dans l'état convenable on l'emploie immédiatement.

Si l'on n'épuise pas le bain de suite, on y ajoute un peu de chaux éteinte pour le maintenir, on l'agite et on l'abandonne jusqu'à ce que l'on soit dans le cas de s'en servir.

Observations à faire pour juger de l'état de la cuve de Pastel.

La cuve est bonne à employer quand les dépôts qui se sont précipités au fond, sont d'un vert-brun et qu'ils brunissent en les exposant à l'air; quand l'écume qui se forme en quantité à la surface est d'une belle teinte bleue, et quand l'échantillon qu'on y a tenu plongé pendant une heure, prend une couleur foncée de vert d'herbe, et bleuit lorsqu'on l'expose à l'action de l'air; dans ce cas, la liqueur est claire et rougeâtre, elle n'est pas amère et ne répand pas une odeur de lessive; les gouttes qui restent suspendues à l'instrument qui sert pour l'agiter sont brunes. Cette cuve est sujette à s'altérer, ou selon l'expression à devenir roide; quand elle n'a pas assez de chaux, l'échantillon que l'on y plonge en sort d'un bleu-gris sale, le dépôt ne change pas de couleur par son exposition à l'air il ne se fait pas d'effervescence dans la cuve; il se dégage beaucoup de bulles ternes, au lieu des bulles bleues que l'on aperçoit quand la cuve est en bon état, et elle répand une odeur très-piquante et désagréable d'œuf pourris.

On remédie au manque de chaux en ajoutant à la cuve, du son, de la garance et du pastel en quantité convenable, en la laissant reposer pendant quelques heures, et en essayant par des échantillons plongés d'heure en heure quels sont les changemens qui se passent ; si en les ressortant il ont une teinte assez bonne, on réhausse la cuve pour rétablir la fermentation. On peut aussi rétablir la cuve en y ajoutant de la chaux, en la réchauffant et la laissant reposer 48 heures ; l'écume bleue qui se rassemble à sa surface donne l'indice certain de sa bonne qualité.

Quand l'altération est portée trop loin, il s'établit un mouvement de fermentation putride, les substances qui sont au fond se soulèvent, la couleur devient rousse ; il est important dans ce cas, de changer rapidement l'état du bain, en ajoutant de la chaux et agitant de 2 en 2 heures, jusqu'à ce que la cuve soit rétablie, il faut éviter cependant de n'en pas trop mettre, parce que cet excès seroit aussi nuisible.

La cuve étant en bon état, on prend trois aunes de laine, on les fait passer et repasser dans le bain autour d'une manivelle pendant une bonne demi-heure, on les jette sur une civière et on les agite pour que l'action de l'air en change le vert en bleu. On procède ensuite de la même manière pour une seconde pièce. Après cette première opération, on agite de nouveau la cuve, et on y met de la chaux avec la précaution de n'en pas détruire l'odeur. Si la cuve est en bon état le premier jour, on peut l'agiter trois ou quatre fois mais il ne faut pas excéder ce nombre le second jour. Les nuances que l'on obtient devenant chaque jour moins foncées, on réserve pour les dernières opérations les étoffes qui ne doivent être teintes qu'en couleurs claires, et avant d'épuiser la cuve on y ajoute de la chaux, on la laisse deux jours en repos, puis on y met un peu d'indigo, on la pallie et on maintient la liqueur à une certaine hauteur. On couvre la cuve pendant deux heures, on y plonge alors un échantillon pendant une heure et s'il prend une teinte verte, on ajoute une quantité de chaux correspondante à cette couleur pour la maintenir, et, après une heure ou deux, si la cuve est reconnue bonne, on peut la reprendre de nouveau.

Pour obtenir des bonnes teintes, il faut toujours mouiller les objets qu'ils soienten tissus ou en écheveaux, les tordre avant de les plonger dans la cuve; et en les retirant les exposer à l'air jusqu'à ce qu'ils soient passés du vert au bleu., et, s'il est nécessaire, répéter l'opération, une seconde fois.

5

Les grandes cuves au bleu sont pour la plupart échauffées au moyen de la vapeur ; on les maintient par ce moyen à une température qui permet toujours de les employer sans qu'il soit besoin de les réchauffer. Elles sont excellentes pour les couleurs claires, même lorsqu'elles sont très-affoiblies. Dans plusieurs cas, lorsqu'on veut avoir des couleurs claires, il vaut mieux établir pour cet objet une cuve avec de bonnes proportions de pastel et peu d'indigo; les couleurs en sont plus solides, et les teintes légères s'obtiennent plus facilement.

Pour teindre la laine Cramoisi avec la Cochenille.

On fait bouillir de l'eau sur du son, on rejette l'écume, on dissout dans cette eau par livre de laine, alun et crême de tartre de chacun une once et demi; on mouille la laine et quand le bain entre en ébullition on l'y jette, et on entretient la même température pendant 2 heures.

On prépare dans une autre chaudière un bain de cochenille à raison d'une once par livre de laine, quand il commence à bouillir on y place la laine, et on continue l'ébullition jusqu'à ce qu'elle soit chargée de tout le principe colorant. Pour obtenir une série de teintes, on diminue les ingrédiens, ou en laissant la laine moins long-temps dans le bain on peut faire une suite d'opérations, dont les premières donneront des teintes foncées.

Pour teindre en Cramoisi avec l'Orseille.

On délaie dans une chaudière d'eau chaude une quantité d'orseille pilée, proportionnée à celle des objets à teindre et à l'intensité de la couleur que l'on veut obtenir; on élève la chaleur à-peu-près au degré d'ébullition, on laisse reposer le bain, on y plonge les tissus de laine ou de soie, les y laissant le temps convenable pour qu'ils se chargent de la nuance que l'on veut obtenir, laquelle sera plus ou moins forte suivant la longueur de leur séjour dans ce liquide.

La couleur de l'orseille n'a point de solidité, et elle n'en acquiert aucune par l'effet des mordans, on ne l'emploie en général que pour donner de l'éclat aux autres couleurs, et on peut se servir de ce bain pour y passer les tissus teints d'après l'article précédent.

Pour teindre en Ecarlate.

L'écarlate qui est la plus vive des couleurs de la teinture, doit sa beauté à l'action d'un sel d'étain, dont la préparation variant un peu dans les atteliers, il est important, quoique ce sel se trouve dans le commerce, d'en faire connoître la meilleure. On dissout quatre parties d'étain en rognures, dans un liquide composé de seize parties d'acide nitrique ou eau forte, et quatre parties de muriate ammoniaque, dit sel ammoniac, on jette le métal par petites portions, n'en ajoutant pas du nouveau que le précédent ne soit dissout; la dissolution étant achevée, on l'étend de huit parties d'eau froide, et on la conserve dans des bouteilles.

La teinture en écarlate s'exécute de la manière suivante: On jette, par livre de laine, dans une chaudière de cuivre pleine d'eau (1), à-peu-près au point d'ébullition, deux onces de crême de tartre, une dragme et demi de cochenille bien pulvérisée, et deux onces et demi de la solution d'étain; après avoir bien agité le bain, on y plonge la laine, humectée préalablement, on élève la chaleur jusqu'à l'ébullition, on fait tourner la pièce d'abord vivement, autour d'une manivelle, ensuite lentement et on entretient la même chaleur pendant 2 heures, au bout desquelles, le liquide a perdu toute sa couleur, alors on sort l'étoffe, on la tord, et on prépare pour une seconde opération une autre chaudière, soit avec de la nouvelle eau chaude, dans laquelle on jette six

(1) La chaudière peut être revêtue intérieurement d'un panier, afin que l'étoffe ne touche pas le métal.

dragmes et demie de cochenille pulvérisée, et peu de temps avant l'ébullition on ajoute six onces de la solution d'étain, on agite le bain, on y plonge la laine et on continue l'ébullition jusqu'à ce que toute la matière colorante soit absorbée, ensuite on retire la laine, on la tord ou l'évente, on la lave à l'eau claire courante; et on la fait sécher.

Si l'opération est bien conduite, une once de cochenille donne une couleur fine à une livre de laine. Pour donner à l'écarlate une couleur de feu jaunâtre et vive, il est nécessaire de faire bouillir dans le premier bain du fustet avec la cochenille; si la liqueur n'est pas entièrement fraîche, on doit en rejeter une partie avant que de mettre le jaune.

Si l'on veut obtenir une série régulière de teintes écarlates sur laine, il suffit d'employer pour les plus claires la moitié et même moins des quantités indiquées de préparation d'étain, de tartre, de cochenille, etc. On divise la laine en autant de masses qu'on veut obtenir de teintes; on commence par teindre les plus légères, si elles sont trop foibles, on répète l'immersion. Une légère pratique suffit pour reconnoître les défauts et savoir obtenir ces différentes teintes. Les vases les plus propres pour ces opérations sont ceux d'étain, ou de cuivre fortement étammés. Quand on veut teindre des draps en écarlate, on emploie pour cent livres de drap six livres de tartre, huit onces de cochenille et quatre livres et demie de solution d'étain; et pour le second bain, dit rougie, 4 livres et demi de cochenille, et 14 livres de la solution d'étain.

Pour teindre la Laine Marron.

On fait bouillir pendant une heure ou deux, la laine filée, dans une dissolution d'un douzième de son poids d'alun et autant de tartre blanc, on sort les écheveaux, on les tord et on les suspend.

On prépare dans une autre chaudière une décoction de 15 livres de coupeaux de bois de pêcher, et quand l'ébullition a été entretenue pendant une demi heure; on ajoute de l'eau froide et 7 à 8 livres de garance en grappe, on laisse le bain tranquille pour donner le temps au principe colorant de se développer, et on y passe la laine cinq à six fois suivant la teinte que l'on veut obtenir.

On peut varier les teintes en augmentant les proportions des ingrédiens, ou en passant la laine plus ou moins de fois. Les proportions indiquées plus haut sont pour 100 livres de laine.

Si l'on emploie plus de garance que de bois de pêcher, on obtient un rouge vif; si au contraire le bois de pêcher est en excès, on a un beau rouge marron tendant au cramoisi; si on remplace la garance par l'orseille, avec une grande proportion de bois de pêcher, on obtient un cramoisi, mais qui n'est pas comparable à celui que donne la cochenille. On peut épargner une portion d'orseille en employant de l'urine conjointement avec cette substance.

Pour teindre la laine en Jaune.

Les teinturiers emploient depuis un quart jusqu'à un douzième d'alun, et depuis un seizième à une livre de tartre par livre de drap. Pour la laine en fils, ils mettent depuis un dixième à un douzième d'alun et de tartre, c'est-à-dire parties égales de ces deux sels. Telles sont les différentes proportions pour les mordans.

Les teintes de jaune sont le jaune paille, le jaune pâle, le jaune citron et le jaune foncé.

Quand les draps ou la laine en fils ont reçu une préparation d'alun et de tartre proportionnellement à la teinte qu'on veut leur donner, ce qui exige pour les teintes claires qu'on les fasse bouillir dans une dissolution d'alun et de tartre au moins pendant une heure, et pendant deux pour les jaunes foncés; on prépare dans une chaudière un bain de gaude, à raison de quatre à cinq livres de gaude par livre de laine pour les jaunes foncés, et d'une quantité moindre pour les teintes légères; la gaude doit être renfermée dans un sac pour qu'elle n'occupe pas trop de place et ne se soulève pas. Si l'on veut obtenir une série de teintes, on doit par économie donner les plus fortes les premières, et les plus foibles ensuite: il est bon d'observer que par ce procédé, les teintes claires ne sont pas aussi brillantes que si on les avoit faites les premières, et qu'on eût ensuite rafraîchi le bouillon avec une décoction qui n'eût pas servi.

On doit avoir pour la fin une préparation foible ou forte, suivant la teinte que l'on veut obtenir, et laisser emporter toute la couleur par la laine ou le tissu.

Quand on ne tient pas compte de la dépense, il faut, non-seulement pour les jaunes, mais encore pour toute autre couleur, composer une préparation et un bain proportionnés à la teinte: la couleur une fois reçue, on jette le reste du bouillon; mais les bénéfices du teinturier ne lui permettant pas d'en agir ainsi, il doit, en général, donner des teintes successives, comme on l'a dit ci-dessus, avec le moins de dépense possible.

Pour teindre la Laine Pourpre.

Le pourpre provient de la combinaison du bleu et du cramoisi; pour l'obtenir, il faut passer le tissu dans la cuve de pastel, l'aluner, et le traiter ensuite dans un bain de cochenille comme pour l'écarlate.

Pour teindre la Laine en Vert.

Les nuances de cette couleur sont très-nombreuses; on reconnoît le vert d'herbe, le vert de laurier, le vert olive, le vert de mer, le vert de perroquet, le vert de chou et le vert d'ailes de canard.

Pour obtenir ces diverses teintes on donne d'abord aux tissus un pied de bleu plus ou moins foncé dans la cuve de pastel, on les plonge ensuite dans une dissolution d'alun et de tartre, foible ou ou forte, circonstance qui est déterminée par la nuance voulue; on les met ensuite dans la cuve de gaude, pour qu'ils se chargent de la partie jaune qu'elle contient. Plusieurs de ces teintes s'obtiennent facilement en traitant d'abord la laine avec une préparation d'alun et de tartre, en employant la cuve au bleu de Saxe faite avec l'huile de vitriol et l'indigo, et la passant dans les bains de pastel et de gaude.

La cuve de bleu de Saxe n'exige pas pour la laine d'être neutralisée comme il a été indiqué pour le coton : le mordant peut être composé d'un douzième d'alun et de tartre, ou d'alun seulement.

Cuve de bleu de Saxe pour la Laine.

Cette cuve se prépare en mêlant dans un flacon trois quarts de livre d'indigo pulvérisé, et 4 livres d'acide sulfurique concentré ; il s'excite une chaleur très-forte, et la dissolution se trouve achevée près 24 heures à pouvoir s'en servir. On étend cette dissolution d'une suffisante quantité d'eau, et l'on y plonge l'étoffe bien humectée. Ce bleu n'a pu être rendu solide, ni éclatant. Pour éviter que la couleur ne tourne au vert, quelques personnes donnent à l'étoffe un mordant d'alun et de tartre, ou de l'une ou de l'autre de ces substances. Si la laine est fine, blanche, et travaillée à une chaleur beaucoup au-dessous de l'ébullition, elle ne passe pas au vert.

Pour teindre la laine Orange, couleur d'or, etc.

Les procédés du cramoisi, de l'écarlate et du

jaune réunis, produisent les diverses teintes de ces couleurs (en omettant l'orseille). Voyez les articles des couleurs buffle, pêche sur laine, etc.

Pour teindre la Laine en Noir.

Le noir renferme un nombre prodigieux de teintes, à commencer par le gris de perles jusqu'au noir le plus foncé. Les meilleurs noirs superfins demandent à recevoir préalablement un bon pied, dans la cuve de pastel.

Il est nécessaire de dire qu'une grande quantité de draps et d'autres objets qui sont teints en noir, ne reçoivent pas le pied de bleu avec de l'indigo, mais avec du bois de campêche seul, ou bouilli avec du bois jaune et de l'écorce d'aune. Dans ce cas, si l'on emploie une trop grande quantité de campêche, soit seul, soit avec l'indigo, il donne au noir une teinte de renard, (quoique la couperose verte, en agissant sur le principe astringent en modifie les effets), ou une teinte de suie, ainsi que la décoction de sciure de chêne. Quand on veut un noir de jayet, on emploie le bois jaune et la sciure de bois de chêne, pour modifier la richesse du fond bleu donné par l'indigo ou le campêche; le campêche surtout, s'il est employé sans ces substances avec la couperose verte et le sumac seuls, donne aux tissus une teinte de renard, de pourpre, ou rougeâtre.

On emploie un si grand nombre de fonds pour les noirs, que les marchés offrent une infinité d'étoffes de teintes différentes : chaque teinturier donne la préférence au procédé qu'il suit, et le croit supérieur; il paroît peu utile et même impossible de décrire ces diverses méthodes; il est plus important, de fournir les moyens de préparer un noir d'une bonne teinte, quels que soient les échantillons d'après lesquels on doit travailler.

Le procédé généralement usité, est celui d'Hellot, qui consiste à faire donner à la laine ou au drap un bon pied de bleu foncé, dans la cuve de pastel, ensuite à laver l'étoffe à l'eau courante au sortir de la cuve, et à la passer au foulon; après cette opération, on donne le noir de la manière suivante; pour cent livres de drap, on met dans une moyenne chaudière dix livres de coupeaux de bois de campêche, et dix livres de noix de galle pulvérisées, le tout renfermé dans un sac, l'on fait bouillir pendant 12 heures, dans une suffisante quantité d'eau. On vide le tiers de ce bain dans une autre chaudière, on y jette deux livres de vert-de-gris, puis on y passe l'étoffe, la remuant pendant 2 heures, et tenant ce bain à-peu-près au degré de l'ébullition. On lève l'étoffe, l'on ajoute un second tiers du bain et huit livres de couperose verte, on diminue le feu, on laisse dissoudre la couperose et rafraîchir le bain pendant une heure, après quoi on y met l'étoffe, que l'on y agite pendant une heure, et qu'on lève ensuite pour l'éventer. On mêle enfin le reste du premier bain, avec les deux tiers dont on s'est servi, on ajoute quinze à vingt livres de sumac, on fait donner un bouillon, on rafraîchit avec de l'eau froide, on y jette encore deux livres de couperose, et on passe l'étoffe pendant une heure, l'agitant constamment; après quoi, on la lave à l'eau courante, et on la dégorge au foulon : pour adoucir le noir, on fait passer l'étoffe dans un bain de gaude qui ne soit pas trop chaud.

Autre procédé pour le Noir, d'après Heigh, sans employer un fond de bleu.

On prend pour cent livres de drap, trente livres de coupeaux de campêche, quinze livres d'écorce d'aune, et six livres de sumac; on fait bouillir le tout ensemble pendant demi-heure, on rafraîchit avec de l'eau froide, on plonge le drap, on le tourne au moyen d'une manivelle, on fait bouillir de rechef (en tenant le sumac suspendu dans un sac) et courir le tissu pendant une heure et demie au moyen de la manivelle; par cette opération l'étoffe reçoit son fond:

on prépare une dissolution de quatorze livres de couperose verte, que l'on verse dans une chaudière, et dans laquelle on fait passer l'étoffe pendant une heure, entretenant le liquide au degré de l'ébullition, on la retire, on la rafraîchit, on l'évente, on la replonge dans la chaudière, on la fait bouillir de nouveau pendant 2 heures, et on la fait rafraîchir. Pendant cette dernière opération, on ajoute à la liqueur contenue dans la chaudière six livres de campêche, dix d'écorce d'aune, et deux de soude ou de potasse du commerce; on pousse à l'ébullition pendant une heure, on replonge les tissus et on les travaille pendant le même temps; enfin on les retire et on les expose à l'action de l'air. Ce noir est dit être celui de l'aile de corbeau; d'après Hellot, il ne doit pas être estimé.

Les proportions des ingrédiens à employer dans ces divers procédés varient suivant les tissus.

Pour teindre la Laine en gris.

Les gris sont des teintes de noir plus ou moins sombres, elles sont d'un grand usage dans la teinture. Quelques gris reçoivent d'abord un fond bleu de pastel, puis sont soumis à l'action du campêche, du sumac et de la couperose verte. Le procédé le plus généralement usité pour donner le gris à la laine, consiste, selon Hellot, à faire bouillir pendant 2 heures une quantité convenable de noix de galle concassées et renfermées dans un sac; à plonger l'étoffe dans ce bain à l'entretenir en ébullition pendant une heure, ce qui s'appelle engaller, après quoi on la lève, on ajoute au liquide une dissolution de couperose verte suffisante pour donner une nuance claire, on y passe l'étoffe derechef et si on veut obtenir des nuances plus foncées, on continue à ajouter de la dissolution de couperose. Les mélanges de noir ou du gris avec le rouge et le bleu forment des nuances de gris très-variées.

Teindre la Laine en fauve, ou en brun, etc.

Le fauve ou couleur de noisette, se donne par le brou de noix, la racine de noyer, le sumac, l'écorce d'aune, ou le santal en les employant seuls, ou mêlés en proportions différentes pour varier les couleurs et les rendre plus solides. Le brou de noix, est de tous les ingrédiens désignés le meilleur, par la beauté et la solidité de sa couleur: pour s'en servir, on fait bouillir pendant un quart d'heure dans une chaudière, une quantité de brou de noix proportionnée à la couleur que l'on veut avoir, on y plonge ensuite les étoffes, préalablement mouillées dans de l'eau tiède, on les agite bien, et on les retire quand elles ont acquis la couleur désirée. On doit donner aux laines filées les nuances claires les premières, et au drap les nuances foncées, procédant de la même manière pour les bains faits avec les autres ingrédiens.

On produit des nuances variées par le mélange de plusieurs couleurs composées, ainsi le fauve et le jaune produisent la feuille morte, le fauve et le rouge, la canelle et le tabac; le fauve et le noir, le marron :

Le bleu, le jaune et le fauve donnent naissance aux verts et aux olives de toute espèce.

Le bleu, le jaune et le noir forment tous les verts sombres jusqu'au noir, l'olive foncé et les gris verts.

Le rouge, le jaune et le fauve, donnent la couleur orangée, la feuille d'or, la feuille flétrie, la canelle brûlée et les couleurs de tabac de toute espèce.

Le jaune, le fauve et le noir produisent les couleurs cheveux, etc.

Quand le rouge fait partie des couleurs qu'on veut obtenir, il faut aluner les tissus dans une dissolution d'alun et de tartre plus ou moins forte, suivant l'intensité du rouge qui fait partie de la teinture composée, tel que la moitié ou le quart de la quantité nécessaire pour une bonne couleur rouge, autant pour le jaune, et une quantité proportionnelle quand le rouge et le jaune sont réunis.

Du Jaune et du vert par le quercitron.

La teinture est redevable au D.r Bancroft de la connoissance de cette substance. Le quercitron est l'écorce du chêne noir de Linné; pour l'employer on doit enlever l'épiderme qui la recouvre parce qu'il donneroit une couleur brune; on fait usage de cette écorce en poudre.

Par une décoction de cette poudre, faite en quelques minutes avec un peu plus de son poids d'alun, on obtient un bain dans lequel on peut porter la laine : on commence par donner les nuances foncées, et on finit par les claires.

Bancroft indique pour les plus beaux jaunes sur tissu, le procédé suivant ; on prend pour cent livres de drap, dix livres de quercitron en poudre, renfermé dans un sac, dix livres de muriate, ou muriosulfate d'étain, on fait bouillir l'écorce dans une chaudière pendant 5 ou 8 minutes; on ajoute alors la solution d'étain, et on agite pendant 2 ou 3 minutes; après quoi on plonge le tissu dans le bouillon, et deux ou trois hommes le font circuler d'un bout à l'autre au moyen d'une manivelle; en 13 minutes d'ébullition, on obtient un très-beau jaune; si on prolongeoit l'immersion, on feroit incliner le jaune au brun.

Quand on veut un jaune très-clair, approchant moins de l'orangé, il suffit pour la même quantité d'étoffe, d'employer sept ou huit livres de solution d'étain, cinq d'alun et dix d'écorce. On fait d'abord bouillir l'écorce pendant quelques minutes, on ajoute la solution d'étain et l'alun, et on plonge les tissus comme on a dit plus haut : si on opère sur une moindre quantité de matière à teindre, on prend des plus foibles proportions.

Le tartre ajouté, même en petite quantité, donne une couleur citrine verdâtre, si l'on veut obtenir cette teinte, on prend pour cent livres de laine, trois livres d'écorce en poudre et une quantité égale de muriate d'étain, d'alun et de tartre, on fait d'abord bouillir l'écorce 15 minutes dans l'eau seule, on ajoute ensuite les autres ingrédiens dont on opère bien le mélange par l'agitation. On plonge les tissus dans le bain (qui doit être préalablement un peu refroidi), on les agite vivement, jusqu'à ce que que la couleur soit également fixée. Quand les deux tiers environ des tissus ont passé à la teinture, on trouve, en général, que la liqueur, en continuant d'extraire la matière colorante de l'écorce, a besoin d'une petite proportion de muriate d'étain, de tartre, environ d'une livre de chacune de ces substances, pour qu'elle puisse donner, comme au commencement, un jaune pâle délicat, avec une teinte verdâtre. Bancroft a reconnu de meilleurs effets au sel d'étain préparé en faisant dissoudre l'étain rapé ou en grenaille, dans un mélange de deux parties d'acide muriatique, sur une d'acide sulfurique concentré ayant soin d'opérer la dissolution lentement, dans un lieu frais ajoutant un quart d'eau à la dissolution achevée, et conservant cette liqueur au besoin.

Cette opération doit être faite dans un vase de verre; elle se nomme murio-sulfate d'étain.

Pour teindre la Laine couleur Buffle.

Le procédé le plus économique, consiste à employer le bain qui a servi à l'écarlate, dans lequel après avoir ajouté une décoction de fustet ou de gaude, on passe l'étoffe, préalablement alunée, aussi long-temps que cela convient.

Si l'on juge devoir ajouter de la cochenille au bain d'écarlate, on le fait avant de mêler la décoction jaune.

Pour teindre la Laine Pêche.

Le procédé est le même que celui qui précède; mais la laine ne s'alune pas, et dans quelques cas il suffit d'ajouter un peu de tartre et de cochenille.

Nota. Après avoir ajouté la cochenille et le

tartre, on doit faire la préparation suivant l'intensité de la teinte qu'on veut obtenir, soit buffle, pêche ou chair; dans ce but, on essaie chaque teinte composée de rouge et de jaune, depuis la couleur écarlate jusqu'à la nuance de buffle et de chair.

Pour teindre la Soie en Noir.

La soie crue est recouverte d'une substance, que l'on appelle la gomme, qui la rend roide, et qui nuit à l'intensité du noir qu'on voudroit lui donner, quoique dans cet état, elle s'en charge plus facilement que lorsqu'elle est dégommée ou décreusée, selon l'expression des teinturiers.

Le décreusage est donc la première opération à laquelle on doit soumettre la soie destinée au noir; il se fait par une ébullition de 4 à 5 heures dans un bain de savon blanc, préparé dans la proportion d'un cinquième du poids de la soie, après quoi on la bat et on la lave à l'eau courante.

La seconde opération est l'engallage, que l'on prépare, en faisant bouillir pendant 3 à 4 heures des noix de galle, environ les trois quart du poids de la soie, (vû le haut p.ix des galles d'Alep, on prend poids égaux de galles noires et blanches) on laisse le bain se déposer pendant 2 heures, on y plonge la soie, et on l'y laisse de 12 à 36 heures, puis on la retire et on la lave.

Pour donner le noir, chaque teinturier procède selon la composition dont il se sert dans la préparation de sa tonne au noir; le grand nombre des ingrédients qui entrent dans les anciennes compositions, a constamment présenté des difficultés et empêché d'obtenir un noir aussi parfait qu'on le désire.

Macquer dans son traité sur la teinture en soie, tout en donnant plusieurs recettes différentes, reconnoissoit qu'il y entroît beaucoup d'ingrédients inutiles, et indique un procédé plus simple, dont on se sert encore à Gênes pour teindre en noir les velours; il consiste à prendre pour cent livres de soie, vingt livres de noix de galle d'Alep en poudre, à les faire bouillir dans suffisante quantité d'eau pendant une heure, à laisser reposer ce bain, à en décanter le liquide clair, et après l'avoir rejeté dans la chaudière, à y mêler deux livres de couperose verte, douze livres de limaille de fer, et vingt livres de gomme de cerisiers, à entretenir la chaudière chaude, et lorsque toute la gomme est dissoute, à y passer la soie que l'on y laisse séjourner 12 à 18 heures, ayant soin de l'agiter de l'éventer et de la laver ensuite à l'eau courante. Si la teinte n'est pas aussi intense qu'on le désire, on peut l'obtenir en ajoutant de la couperose et répétant les immersions.

Un des procédés employé à Londres pour teindre les taffetas en noir consiste, à faire bouillir pendant 3 heures dans une suffisante d'eau pour cent aunes de taffetas, un mélange de vingt-cinq livres d'écorce d'aune, de quatorze livres de couperose verte et d'une livre et demi de limaille de fer, à dissoudre dans un autre vase un quart de livre de vitriol bleu, à tremper la soie dans l'eau chaude, à la plonger dans la dissolution du vitriol bleu, et à la passer ensuite dans la chaudière, d'où après l'avoir agitée, on la retire pour l'éventer, répétant ce travail quatre fois, et pendant qu'elle se refroidit la dernière fois, on dissout dans la chaudière, trois livres de couperose verte, et on repasse la soie encore deux fois dans ce bain, ensuite après l'avoir retirée, on fait bouillir la chaudière pendant quelques heures; on redonne à la soie encore trois à quatre bouillons, et on la laisse quelques heures dans ce bain entretenu à une température fort au-dessous de l'ébullition, ayant soin qu'elle soit toujours recouverte de liquide, pour éviter l'effet de l'air, qui, par son action occasionneroit des taches, puis on la lave et on la fait sécher.

Pour teindre le Coton en Noir.

Le coton et le lin ne prennent qu'avec beaucoup de peine un noir foncé, qui résiste au savon; les procédés employés dans ce genre de teinture, diffèrent de ceux indiqués pour la laine et la soie; et paroissent encore être plus ou moins susceptibles de perfectionnement; on suit à Rouen ceux indiqués par Le Pileur d'Apligny; mais avant de les décrire, il faut faire connoître la préparation indispensable à ce genre de teinture, savoir: celle de la cuve ou de la tonne au noir, soit de la dissolution de fer, que l'on obtient en soumettant de la ferraille rouillée dans un tonneau à l'action d'un vinaigre fort, ou de bierre que l'on fait aigrir en ajoutant de la farine de seigle; on abandonne ce tonneau à l'effet de l'air, qui favorise l'oxidation et la dissolution du métal, et on a soin de soutirer le liquide de temps en temps et de le reverser sur le métal, afin de rendre son action uniforme; la préparation de cette cuve exige plusieurs semaines: On obtient une teinture du même genre, en plaçant successivement dans un tonneau, des couches d'écorce d'aune et de féraille, et remplissant le vase d'eau; cette écorce a la propriété de dissoudre beaucoup d'oxide de fer, et par conséquent de donner une très-bonne teinture.

On a substitué, depuis quelques années, à ces cuves l'usage de la dissolution de fer, dans le vinaigre retiré du bois ou du goudron par la combustion; cette préparation ayant l'avantage de donner un noir plus riche. On peut obtenir la dissolution de fer d'une manière plus prompte, en exposant ce métal à l'action du vinaigre dans une chaudière de gueuse, à une température approchant du degré de l'ébullition, et laissant l'acide se saturer du métal complètement. Cette liqueur doit être conservée en bouteilles bouchées.

Les procédés pour teindre le coton en noir variant autant que ceux pour la soie, il ne sera fait mention que de ceux qui sont généralement usités: un de ceux indiqué par Le Pileur, consiste à donner au tissu un pied de bleu dans la cuve de pastel, à le tordre, à le faire sécher, ensuite à l'engaller, en employant une partie de noix de galle sur quatre de coton; à le laisser pendant 24 heures dans l'engallage, puis à le tordre et à le sécher. Ce travail achevé, on prépare un bain dans la cuve au noir, dans les proportions de dix livres de cette dissolution de fer par livre de coton, dans lequel on passe et on travaille le coton pendant un quart d'heure, on le tord, on l'évente, on répète deux fois cette opération, ajoutant chaque fois une nouvelle quantité de la cuve au noir, puis on l'évente, on le tord, on le lave à la rivière, et on le fait sécher.

Pour achever l'opération, on prépare un bouillon d'écorce d'aune, prenant de cette écorce un poids égal à celui du coton, et ajoutant une partie du bain de l'engallage et du sumac la moitié du poids de l'écorce, on laisse refroidir le liquide, et l'on y passe le coton, l'éventant de temps en temps et l'y laissant séjourner 24 heures. On a coutume pour adoucir le fil, de le travailler dans un bain foible de gaude, auquel on ajoute un peu de bois d'inde, ensuite on le relève, on le tord, et on le passe de suite dans un baquet d'eau tiède, où l'on a versé un dixième du poids du fil d'huile d'olive, on le tord et on le fait sécher.

On obtient un noir aussi riche par un procédé plus simple et plus court. On forme un bain composé de la dissolution de fer dans le vinaigre des bois et de verdet, dans la proportion de quatre livres de la première, sur une demi once du second; on y plonge l'étoffe, on l'agite, on l'évente, on la tord, et on la fait sécher, ensuite on la passe dans un bain de parties égales de bois d'inde et de sumac.

Ce procédé a été modifié par Bosc de la manière suivante : on donne au coton un pied de bleu, on l'engalle, et on le passe dans la dissolution de la cuve au noir, préparée avec le vinaigre des bois, étendue d'eau, on renouvelle l'engallage et le passage dans le bain de fer, jusqu'à ce que l'on ait obtenu un beau noir; il faut avoir soin de faire sécher l'étoffe entre chaque opération et de renouveler le bain de fer; on termine le travail par le bain d'eau tiède avec l'huile. Il a été observé que l'alunage est nuisible dans la teinture en noir.

Un fond d'indigo donne plus de brillant au noir sur laine, mais n'est pas nécessaire pour la soie et le coton.

La soie a beaucoup d'affinité pour la noix de galle, et on met à profit cette propriété; car étant un objet précieux, on l'engalle avec excès, dans la seule vue d'en augmenter le poids.

Le coton a beaucoup d'affinité pour le fer, et celui-ci pour l'acide gallique et le tannin quelque part qu'ils se trouvent; c'est pourquoi dans l'emploi du sumac, du campêche et de l'écorce d'aune, etc., le fer s'unit avec ces deux principes qui s'y rencontrent en grande quantité.

Pour teindre le Coton Violet.

On passe les écheveaux dans la cuve au noir, et on les fait sécher; on les passe ensuite dans une décoction de noix de galle, on les fait sécher, puis on les trempe successivement dans une décoction de campêche, et dans une dissolution de vert-de-gris; on les lave et les fait sécher.

En passant le coton dans la dissolution de la cuve au noir, plus ou moins étendue d'eau, on peut se procurer toutes les teintes violettes claires ou foncées.

Les procédés indiqués jusques à présent, démontrent évidemment, quelle constante exactitude doit apporter le teinturier dans toutes ses opérations, s'il veut acquérir de la réputation et recevoir la récompense de ses peines.

Pour teindre le Coton en Rouge.

La garance est journellement employée pour teindre en rouge le coton et le lin; mais il est important, dans ces opérations, d'éviter que le bain n'arrive au degré d'ébullition, parce qu'à cette température le principe colorant s'altère et prend un teinte plus foncée.

On distingue deux procédés de teinture avec la garance, que l'on désigne, l'un par le nom de rouge de garance et l'autre par celui de rouge de Turquie ou d'Andrinople.

Le moyen généralement usité, pour teindre le coton en rouge de garance, consiste à prendre du coton décreusé, c'est-à-dire bouilli dans une eau alcaline foible pendant 2 heures, puis lavé à l'eau courante; à l'engaller dans un bain de noix de galle préparé avec une partie pour quatre de coton, à l'aluner dans une dissolution d'alun faite dans les mêmes proportions que la décoction des noix de galle, et à le faire sécher lentement.

Pour passer à la garance, (on ne doit teindre que dix livres de coton à la fois afin de lui donner une couleur égale); on fait chauffer deux cents livres d'eau dans une chaudière, jusqu'au point de ne pouvoir y tenir la main qu'avec peine, alors sur dix livres de coton on en met trois de garance en grappe, de bonne qualité, on agite le bain et l'on y plonge les écheveaux, passés sur des bâtons, les uns après les autres, et lorsqu'ils sont tous dans la chaudière, on les tourne constamment pendant trois quart d'heure, le bain étant toujours entretenu à la même chaleur sans bouillir; après cela, on relève le coton sur les bords de la chaudière, on l'y replonge, on donne un bouillon d'un quart d'heure, on le sort, on le laisse égoutter, on le tord, on le lave et on le tord derechef; on lui donne un second bain, avec la moitié de garance, opérant de la même manière que la première fois. Il a été proposé par le Pileur, dans un but d'économie, et avec la persuasion que le second bain ne fournit pas beaucoup de teinture, de donner deux alunages et de ne teindre que dans un seul bain, et l'expérience à confirmé l'exactitude de cette observation.

On donne le nom *de rouge de Turquie ou*

d'Andrinople à une teinture originaire du Levant, qui a un éclat très-vif, qui résiste à l'action des savons et des alcalis, et qui n'est détruite que lentement par les acides minéraux : la découverte du procédé est due aux longues et savantes recherches de plusieurs chimistes et manufacturiers distingués ; Chaptal a exposé, avec beaucoup de précision, dans son ouvrage *sur la Teinture du coton en rouge*, toutes les manipulations à suivre ; il les divise en quatre principales, savoir : les aprêts, les mordans, le garançage et l'avivage. On doit toujours employer, dans ce genre de teinture, du coton d'un très-beau blanc, que l'on obtient en l'exposant dans une foible lessive alcaline caustique, et ensuite dans une lessive étendue d'une dissolution de muriate oxigéné de potasse, avec excès de carbonate de potasse, connue sous le nom d'eau de Javelle, après quoi on le lave à l'eau claire et on le fait sécher.

Les opérations indiquées par Chaptal, ont été simplifiées depuis la publication de son ouvrage, par Haussmann et Vitali, de Rouen. Le point important, consiste à donner au coton un enduit animalisé, qui le dispose à se combiner plus solidement avec le principe colorant.

On y parvient 1.°, en imprégnant les écheveaux d'une dissolution de belle colle forte, (dite colle forte de Flandre), faite avec huit parties d'eau, après quoi on les exprime et on les fait sécher; ou en plongeant le coton dans un mélange de parties égales de blanc d'œuf et d'eau, et le passant, après qu'il est sec, dans l'eau bouillante pour consolider par la coagulation le blanc d'œuf fixé.

On procède aux opérations suivantes 2.° : En engallant les écheveaux dans une décoction de noix de galle, faite avec seize parties d'eau; ce bain ne doit pas être porté à une chaleur plus forte que les ouvriers ne peuvent la supporter, les écheveaux devant y être agités avec les mains, afin d'établir une combinaison exacte entre le tannin des noix de galle et la colle forte ou le blanc d'œuf.

3.° En leur donnant le bain d'huile, pour lequel on prend le quart du poids du coton d'huile d'olive. On dissout dans cent parties d'eau, une partie et demi de soude cristallisée, on y ajoute cinq parties d'huile, remuant fortement le liquide et y plongeant de suite vingt parties d'écheveaux, les pétrissant jusqu'à ce que l'huile soit absorbée, ensuite les exprimant également, et les faisant sécher.

On obtient des résultats semblables à ceux que donnent ces première et troisième préparations en mêlant pour cinquante livres de coton, septante-cinq livres d'une dissolution de soude, assez concentrée pour qu'un œuf y surnage, ou marquant deux degrés à l'aréomètre des sels, cinq livres d'huile d'olive, et six livres de la liqueur qui se trouve dans l'estomac des animaux ruminans, appelée suc gastrique, on agite bien le mélange, et quand le liquide paroît uniforme, on y passe le coton, le remuant beaucoup, et au bout de 24 heures on le met sécher; quand il est sec, on le passe successivement dans deux lessives de soude, au même degré que la première, le faisant sécher après chaque opération, ensuite on lui donne un second bain d'huile, auquel on supprime le suc gastrique, puis on le passe de rechef dans deux nouvelles lessives de soude un peu plus fortes que les premières.

On peut aussi suppléer à l'enduit de colle forte ou de blanc d'œuf, en mêlant dans le bain d'huile le quart du poids du coton de fiente de pigeon ou de mouton, laquelle on divise avec un pilon de bois, que l'on délaie avec la lessive alcaline et qu'après avoir fait passer par un tamis de crin, on mêle avec l'huile.

Il faut observer que, lorsque l'on donne au coton pour premier aprêt le bain d'huile, on procède ensuite à l'engallage, mais que dans le premier genre de travail indiqué, on l'engalle après l'avoir enduit de la colle forte ou de blanc d'œuf, avant de le passer à l'huile.

4.° Les écheveaux étant apprêtés, on alune dans

un bain composé de six parties d'alun sur huitante parties d'eau; on ne doit plonger le coton que lorque le bain est passé à une température que l'ouvrier puisse supporter, devant être agité avec les mêmes soins que pour l'engallage, ensuite on le fait sécher.

Après avoir été aluné, le coton doit être lavé à l'eau bouillante et ensuite à l'eau froide, l'agitant et le frappant beaucoup afin d'emporter les parties des mordans qui ne seroient pas combinées, et qui s'empareroient, à pure perte, au garançage d'une partie du principe colorant.

5.° On le passe ensuite au bain de garance, qui doit être établi, en prenant par livre de coton une livre de garance; et dans lequel, dès qu'il est tiède, on plonge le coton, et on l'y remue pendant une heure, élevant lentement la chaleur, sans la laisser parvenir au degré d'ébullition; au bout de ce temps, on met les écheveaux en cordes et on tient le bain pendant une heure à l'ébullition; en sortant le coton de la chaudière, on le lave et on le fait sécher. On répète cette opération une seconde fois avec les mêmes précautions; et l'on obtient par deux garançages, une plus belle couleur que par un seul dans lequel on auroit employé toute la quantité de garance indiquée.

Dans quelques manufactures, on mêle un cinquième de sang à la garance avant de la jeter dans la chaudière, mais M. Haussmann a reconnu, qu'une addition de craie avoit sur le sang un avantage marqué.

6.° Enfin on avive la couleur donnée, en faisant bouillir les écheveaux pendant 5 à 6 heures dans de l'eau de son, à laquelle on ajoute après la première heure d'ébullition, demi livre de savon par cent livres d'eau; on doit enfermer le coton dans un sac; au sortir de la chaudière, on le lave et on le fait sécher.

Pour teindre le Coton en vert, aile de canard et olive.

On lui donne d'abord un fond bleu dans la cuve de pastel, ensuite on l'engalle; on le passe dans le bain de gaude, et enfin dans le vert-de-gris, faisant un lavage après chaque opération.

On obtient l'olive par la gaude ou le bois jaune, le vert-de-gris et le bois de Brésil.

Des Bruns, des Marrons, des Couleurs de café, etc.

Il n'est pas entré dans le plan de cet ouvrage d'exposer en détail tous les procédés usités pour obtenir diverses nuances que donne l'emploi des galles, du vert-de-gris, du vitriol bleu, de la gaude et de la garance.

En général pour donner au coton les différentes nuances de marron, on l'engalle, on le passe dans un bain où l'on a délayé du vert-de-gris, puis dans un bain de gaude, et après l'avoir lavé, on le garance. Si on passe dans une décoction de gaude une étoffe préalablement garancée, on obtient une couleur d'or: et le coton garancé passé dans la cuve au bleu prend une couleur prune.

Moyens à employer pour rendre la soie propre à la teinture.

La soie crue est enduite, non-seulement d'une espèce de vernis naturel qui la rend roide au toucher, mais encore d'une partie colorante jaune; cette roideur gêne dans la fabrication de la plupart des étoffes de soie, et la teinte du vernis s'allie mal à la plus grande partie des couleurs.

Les écheveaux en soie, qui doivent rester blancs ou servir à la fabrication des étoffes blanches, sont bouillis, à deux reprises différentes, dans de l'eau de savon; ceux qui doivent être teints ne sont soumis qu'une fois à l'ébullition, on n'emploie même pour eux qu'une petite quantité de savon, parce que la légère teinte rougeâtre qu'ils conservent ne nuit pas à un grand nombre de couleurs. On procède à ce travail de la manière suivante : pour dégommer la soie et lui donner le plus grand degré de blancheur possible, on lui fait subir trois opérations ; pour la première, nommée le dégommage, on prépare un bain dans lequel les écheveaux doivent être plongés avec trente livres de savon blanc, pour cent livres de soie ; on opère à chaud mais sans faire bouillir, et quand la dissolution dn savon est faite, on retire le feu.

Pendant qu'on prépare ce bain de savon, on étale la soie sur des baguettes divisées en écheveaux lâchement attachés ; et quand il est revenu à une température inférieure à celle de l'eau bouillante, on y plonge les écheveaux, on les y abandonne jusqu'à ce qu'ils aient perdu leur vernis, ce qu'on reconnoît aisément à la blancheur et à la flexibilité que prend la soie ; ensuite, on fait couler la soie sur les baguettes d'un bout à l'autre, afin que toutes les parties soient également soumises à l'opération ; quand elle est terminée, on la retire de la chaudière, et on les place sur une cheville pour les démêler. On procède à la seconde opération en mettant les écheveaux dans une poche large de toile grossière, forte et blanche, quatre de ces poches doivent contenir en tout cent livres de soie ; on prépare un second bouillon analogue au premier ; mais avec une quantité moindre de savon, quand la dissolution est achevée, on y plonge les poches, on les fait fortement bouillir pendant une heure et demie, ajoutant de l'eau, à mesure qu'elle s'évapore; et remuant souvent les sacs avec des perches; afin que ceux qui reposent sur le fond de la chaudière n'éprouvent pas une trop forte chaleur : cette opération se nomme la cuite.

La cuite achevée on transporte les sacs qui contiennent la soie dans un baquet, placé sous une fontaine ou une eau courante, et dans lequel on examine les écheveaux, ceux qui sont encore jaunâtres sont soumis de rechef pendant quelque temps à l'ébullition, jusqu'à ce qu'ils soient entièrement blancs.

Lorsqu'on destine la soie à des couleurs communes, vingt livres de savon suffisent pour cent de cette substance; mais comme dans ce cas la soie pourroit n'être pas bien dégommée, il faut la faire bouillir pendant trois heures et demie à gros bouillons.

La soie qu'on destine au bleu, au gris-de-fer, au jaune de soufre, ou aux autres couleurs claires, demande un fond très-blanc, il faut suivre dans ce cas, le premier procédé, et employer trente livres de savon.

La soie perd en poids depuis vingt-cinq à vingt-huit pour cent dans ces opérations. On ne doit pas laisser long-temps les sacs avant de les vider, parce que la soie reprendroit de la roideur.

La soie blanche, se distingue suivant sa nuance par les dénominations de blanc de Chine, de blanc de fil, de blanc d'argent, et de blanc azuré.

Pour donner à la soie ces différentes nuances, on procède à l'opération, nommée le blanchiment; laquelle se fait en préparant dans une chaudière une dissolution foible de savon, et y passant la soie posée sur des baguettes, jusqu'à ce qu'elle ait pris la nuance désirée. Le seul bain de savon donne le blanc parfait, que l'on rend plus éclatant en exposant la soie à la vapeur du soufre, comme il le sera indiqué plus loin. Le blanc de Chine se donne comme le précédent ajoutant un peu de rocou à la dissolution de savon.

Pour les blancs d'azur, d'argent et de fil, on ajoute un peu d'eau azurée à l'eau de savon, laquelle donne à la soie un œil plus ou moins bleu. On prépare l'eau azurée, en jetant de l'eau bouillante sur du bel indigo pulvérisé, se servant de l'eau qui surnage le dépôt formé par l'indigo.

Dans toutes ces opérations le bain de savon doit être chaud, et la soie agitée régulièrement pour que la nuance soit uniforme.

L'opération du soufrage de la soie, ainsi que des étoffes de laine, a pour but de leur donner le degré de blancheur le plus éclatant.

Elle se fait dans une chambre sans cheminée, dans laquelle on puisse établir un courant d'air.

On place les mateaux de soie suspendus à des perches, fixées à six pieds au-dessus du sol, et pour cent livres de soie, on met dans une terrine de terre, au centre de la chambre, une livre et demi de soufre en poudre grossière, on l'allume, et on ferme bien toutes les issues, pour que les vapeurs de soufre ne se perdent pas. Le lendemain, on ouvre les fenêtres pour dissiper la vapeur et sécher la soie; en été la chaleur de l'air suffit; mais en hiver il faut fermer les fenêtres aussitôt que la vapeur sulfureuse s'est exhalée, et allumer le feu dans les étuves pour dessécher.

Nota. La chambre où l'on opère doit être suffisamment airée pour laisser échapper la fumée, afin que les ouvriers n'en éprouvent pas des inconvéniens.

Les opérations achevées, si la soie ne se sépare pas aisément, cela provient de l'humidité qui lui reste d'ahérente.

La soie qui a été soufrée fait un bruit que l'on recherche pour certaines choses, mais qui n'a plus lieu quand elle a été lavée. Si on veut teindre la soie, il faut pour un grand nombre de couleurs, la désoufrer en la trempant et la lisant plusieurs fois dans l'eau chaude.

La soie pour dentelles, pour gaze, etc., n'a pas besoin d'être dégommée ou bouillie; celle qui est naturellement la plus blanche est la meilleure pour ces fabrications : il suffit de la plonger dans l'eau chaude et de la tordre; on la soufre ensuite, on l'azure, on la tord de nouveau, on la soufre une seconde fois et on la plonge dans une eau de savon; pour la blanchir, il ne faut pas que le bain ait une température au-dessus de celle que la main peut supporter; on ajoute de l'azur si cela est nécessaire, et on agite beaucoup la soie dans cette liqueur.

La fine soie de Nankin n'a pas besoin d'être blanchie.

Enfin l'opération qui donne de la solidité et de la beauté aux couleurs appliquées sur la soie, est l'alunage, que l'on exécute, en dissolvant dans une chaudière d'eau chaude vingt-cinq livres d'alun, étendant cette dissolution de vingt seaux d'eau froide et y plongeant septante-cinq livres de soie, préalablement dépouillée de savon par un lavage bien ordonné, et après avoir été tordue aux chevilles; on la laisse dans le bain d'alun pendant 7 à 8 heures, après quoi on la tord et on la porte à la rivière pour la laver. Quand on remarque que le bain d'alun s'affoiblit, ce qui se reconnoît aisément au goût, on fait dissoudre dix livres d'alun que l'on ajoute et l'on continue jusqu'à ce qu'il se produise une mauvaise odeur. Quand cela a lieu, on peut se servir de la dissolution pour y passer les soies destinées aux bruns, ou marrons, etc. Il faut toujours aluner à froid; autrement on détruit en partie le lustre de la soie.

Teindre la Soie en Jaune.

On prend vingt livres de savon pour cent livres de soie ; on fait bouillir le tout ensemble, puis on lave la soie, on l'alune, et on la lave de nouveau, ensuite on la met sur des baguettes, on la plonge et on la retourne dans un bain, composé de deux livres de gaude pour une livre de soie. Le bain, ne doit pas être d'une température au-dessus de celle que la main peut supporter, après une heure ou deux, on retire la soie et on recharge le bain en en jettant la moitié, et la remplaçant par un second bain, fait par une seconde ébullition donnée à la gaude avec de la nouvelle eau, on y passe la soie comme dans le premier bain, puis on la retire, on y ajoute une dissolution de potasse faite à raison d'une livre de ce sel pour vingt livres de soie, et on replonge la soie de nouveau, on la lise avec soin; on la retire, on la tord, et on juge si elle a reçu la nuance désirée, (dans le cas contraire), on ajoute de la dissolution alcaline, et on la replonge, la laissant dans le bain aussi longtemps que cela est nécessaire pour lui donner une bonne teinte. La dissolution alcaline a la propriété de rendre la couleur jaune, plus foncée, ainsi qu'il a été expliqué.

Pour le jaune jonquille il faut, après avoir mis la potasse, ajouter un peu de rocou.

Pour les teintes claires; telles que canari ou citron, les écheveaux doivent être d'un beau blanc; et s'ils n'ont pas été azurés, il faut les passer légérement dans la cuve au bleu, et dans une décoction de gaude plus ou moins chargée, s'ils doivent avoir un jaune tirant sur le vert; pour des nuances de jaune plus foncées que celle du citron, il faut se servir du premier procédé indiqué et ne prendre qu'une proportion moindre de gaude; dans ce cas-ci, vingt livres de savon suffiront pour le blanchîment de cent livres de soie. Le bleu de la cuve n'est employé que pour quelques articles qui doivent incliner au vert d'une manière très-légère; alors il ne faut employer pour aluner qu'une très-foible dissolution d'alun.

Donner à la soie les couleurs d'Aurore, d'Orange, etc., avec le Rocou.

On prépare ce bain, en dissolvant le rocou divisé par morceau, par une ébullition de quelques minutes faites dans une chaudière avec son poids égal de potasse, (la quantité de l'alcali dépend de la nuance plus ou moins foncée que l'on veut donner); la dissolution achevée, on passe le liquide par un tamis de crin pour le dépouiller des matières indissolubles qui s'y trouvent.

La soie destinée à recevoir la nuance aurore, n'a besoin d'être cuite qu'avec vingt livres de savon pour cent; après avoir été bien lavée, on la plonge dans un bain moyennement chaud, mais non bouillant, composé d'une quantité plus ou moins grande de la dissolution alcaline de rocou étendue d'eau, on l'y agite également, on en retire un écheveau, on le tord et on juge de la nuance, si on la trouve trop foible, on ajoute de la dissolution de rocou et on lise la soie de nouveau dans ce bain. La nuance obtenue, on lave la soie à la rivière, et on la fait sécher.

Pour donner la nuance orange, on procède comme il vient d'être indiqué, mais après avoir retiré la soie du bain de rocou, on lui donne une teinte rougeâtre par une liqueur acide comme le vinaigre, le jus de citron, ou une dissolution d'alun; ces liquides détruisent l'action de l'alcali sur le rocou, en le saturant, et rétablissent la couleur rouge de ce principe colorant.

La nuance mordoré s'obtient en alunant la soie, la lavant et la plongeant dans un bain de rocou, auquel on ajoute une petite quantité de décoction de campêche, ou de fustet. Si la nuance paroît trop rouge, on ajoute au bain de la dissolution de couperose verte.

Quand la soie est teinte crue, il faut employer un bain de rocou presque froid, autrement l'élasticité de la soie seroit détruite.

Pour teindre la Soie couleur de Pavots.

On donne d'abord à la soie un fond de rocou beaucoup plus foible que pour l'aurore; on tient prête une préparation concentrée de carthame à laquelle on ajoute du tartre crud, comme il a été dit; on lave la soie après qu'elle a été passée dans le bain de rocou, afin que la potasse qu'on a employée avec cette substance, ne neutralise pas le tartre du bain de carthame, ce qui détruiroit la vivacité que ce sel lui donne. On y travaille la soie, cinq à six fois et quand on veut obtenir un pavot foncé, on la passe dans quatre ou cinq liqueurs de ce genre. Le pavot est la couleur la plus foncée que puisse fournir le carthame. Le bouillon, qui reste peut, si on l'emploie directement, servir pour l'orange, la cerise, la chair, ect.

On peut aussi obtenir la nuance de pavot, en donnant comme dans le procédé précédent un fond de rocou, après lequel on lave la soie, on l'alune, on la lave de rechef, on la passe dans une décoction de bois de Brésil; il est nécessaire d'ajouter à la décoction du bois de Brésil une petite quantité de dissolution de savon, environ cinq pintes pour trente livres de soie, et de bien opérer le mélange. Elle empêche le tissu de prendre de la roideur et le conserve doux et flexible.

La couleur pavot sert de fond aux couleurs brunes-rouges, pour les obtenir, il suffit d'ajouter un peu de campêche. Le teinturier doit toujours, avoir sous sa main des décoctions de bois de Campêche, de bois de Brésil et de bois jaune, etc., vû qu'elles ont la propriété de se conserver très-long-temps, et que leur emploi est journalier.

Pour teindre la Soie en Cramoisi fin, Ponceau et Ecarlate.

Quand la soie est destinée au cramoisi de la cochenille, il ne faut employer pour cent livres de soie que vingt de savon, et ne la point azurer, parce que le jaune naturel de la soie est favorable à la couleur qu'on veut obtenir. Il faut aluner fortement la soie et la laisser dans la dissolution du mordant sept à huit heures, la laver et la battre deux fois à la rivière.

Pendant que ces opérations s'exécutent, on doit préparer une décoction de noix de galle pulvérisées, tamisées et prises dans la proportion d'une ou deux onces par livre de soie ; on emploie aussi de la cochenille fine, bien pulvérisée et tamisée, dans la proportion de deux ou trois onces par livre de soie; on met toutes ces substances dans un vase d'étain, avec de l'eau claire, je dis d'étain, et non de ce qu'on appelle communément fer ou cuivre étamé, parce qu'un vase de ce genre, perdroit entièrement la teinture. Le cuivre ni la gueuse ne peuvent remplacer l'étain. C'est une observation qui a déjà été faite en parlant de l'écarlate sur laine, et que l'ouvrier ne doit pas négliger. Quand les galles et la cochenille ont bouilli, on peut ajouter pour chaque livre de cochenille, une once de dissolution d'étain, indiquée ci-après; que l'on nomme *Composition*, laquelle se prépare en dissolvant, dans une bouteille, deux onces de sel ammoniac, dans douze onces d'eau, ajoutant une livre d'acide nitrique, et y jetant par petites portions six onces d'étain, en rognures ou en grains. Cette composition doit contenir plus d'étain que celle qui a été prescrite, dans la teinture en écarlate pour la laine, parce que cette dernière rendroit la couleur trop claire. On laisse un peu refroidir la chaudière, on ranime le feu en ouvrant la porte du foyer; on met la soie dans le bouillon, on la travaille pour la rendre égale, on ferme la porte du foyer et on élève le bain au degré d'ébullition, on l'entretient, pendant 2 heures, agitant la soie de temps en temps,

On retire ensuite le feu de dessous la chaudière, on plonge entièrement la soie dans le bain, on l'y laisse plusieurs heures; on la lève, on la bat deux fois, on la tord selon la coutume et on l'étale sur des baguettes pour la faire sécher.

La moindre dissolution de couperose verte dans l'eau obscurcit la couleur cramoisi, et lui donne une teinte violette; c'est par l'emploi de ce sel que l'on fait passer la nuance au violet : si la soie doit avoir une teinte jaunâtre, on la donne en ajoutant à la dissolution de la couperose une plus ou moins grande quantité de décoction de bois jaune.

Pour teindre la soie en ponceau, Macquer indique, de lui donner un bain de rocou, en mêlant au bain de savon bouillant, par livre de soie, la dissolution d'une once de rocou, puis la plongeant dans la composition d'étain pendant une demi-heure, et après l'avoir exprimée et très-bien lavée, la portant dans un bain de cochenille, formé à raison d'un quart de cette couleur et d'un seizième de tartre sur le poids de la soie, dans lequel on l'emploie, et d'où on la retire après une courte ébullition pour la laver.

La teinte obtenue par ce procédé est plus solide et plus vive que celle que donne le carthame. Quelques teinturiers suppriment dans cette opération la dissolution d'étain et le tartre.

Pour teindre la Soie en Cramoisi par le bois de Brésil.

On alune la soie, on la passe dans une forte décoction de bois de Brésil employé dans la proportion d'un demi seau par livre de soie, on travaille cette dernière substance, et s'il est nécessaire on la passe encore dans une décoction additionnelle et concentrée de bois de Brésil et on la lave; si l'eau est dure, en général le bois de Brésil la rougira suffisamment; mais si elle est douce, il faut ajouter de la dissolution de potasse, une livre de potasse pour cinquante livres de soie.

La décoction du bois de Brésil se prépare en faisant bouillir pendant 3 heures une partie de ce bois dans douze parties d'eau, remplaçant de temps en temps celle qui s'évapore, vidant cette première décoction dans une tonne, et répétant l'ébullition sur le même bois, avec de la nouvelle eau, encore pendant 3 heures et mêlant cette seconde décoction à la première. Cette liqueur ne s'altère point en vieillisant, elle devient même meilleure, quoiqu'elle ait fermenté. Le principe colorant de ce bois se dissout si lentement que l'on peut lui donner trois à quatre ébullitions. Le bois de Campêche et le fustel donnent la majeure partie de leur couleur en deux décoctions, on les prépare de la même manière que pour le bois de Brésil,

Pour teindre la Soie en Violet fin.

Suivant Macquer, on alune la soie comme pour l'écarlate, on la lève et on la bat deux fois. Lorsqu'elle est ainsi préparée, on la traite avec les précautions ordinaires par deux onces de cochenille par livre, mais sans tartre ni dissolution d'étain. On la travaille à une température médiocrement élevée en lui imprimant un mouvement rapide; lorsqu'on a employé environ un quart d'heure à ces opérations, on porte le bain à l'ébullition, on y ajoute la soie qu'on y laisse pendant deux heures. On la lave et on la plonge dans une cuve de bleu par dissolution d'indigo dans l'acide sulfurique, plus ou moins concentrée suivant l'intensité de la teinte qu'on veut obtenir, employant tous les moyens usités pour faire passer au bleu les étoffes trempées dans ce genre de cuve; enfin on la lave et on la sèche comme il a été souvent indiqué.

Pour teindre la Soie en Vert.

Cette couleur est difficile à porter sur la soie parce qu'elle est sujette à se tacher dans la cuve de bleu, ce qui donne des bigarures plus sensibles sur le verd que sur le bleu. La cuite de la soie destinées aux verts foncés, se fait de la même manière que pour les couleurs communes.

Après avoir aluné la soie plus fortement que de coutume, l'avoir lavée et divisée sur des baguettes par petits paquets d'environ quatre à cinq onces pour favoriser l'égalité de la teinte; pour lui donner un fond de jaune, on la passe dans un bain de gaude, préparé comme il a été dit, en prenant les soins précédemment mentionnés pour que la matière colorante ne se fixe pas d'une manière inégale. Quand on juge la couleur assez intacte, on en sépare quelques fils pour vérifier s'ils ont la teinte cherchée; et on les plonge dans la cuve de bleu de pastel, ou dans la dissolution d'indigo par l'acide sulfurique; dans le cas où elle seroit trop foible, on ajoute un peu de gaude, on y remet la soie, on l'essaie de nouveau et ainsi de suite; mais si la couleur a la teinte convenable, on lave et on bat la soie; on la tord et on la met par paquets que l'on plonge un à un dans la cuve comme pour le bleu et le pourpre, on les exprime avec le même soin et la même promptitude. Le vert dont il est question, est une espèce de vert de mer, dont il y a beaucoup de nuances; les plus claires, reçoivent un pied de jaune moins fort, ne sont pas lavées en les sortant de la cuve, mais elles se travaillent en les frappant dans les mains, et les déployant avec soin pour qu'elles reçoivent l'action de l'air; de cette manière, la soie est développée, débrouillée, aërée, et la couleur qu'elle a reçue devient également pure. On lave, on rince quelques fils, et si la couleur est bonne, on lave la masse entière.

Pour les teintes foncées, quand la gaude s'épuise, on ajoute un peu de campêche à la liqueur, dans quelques cas, on ajoute du bois jaune et dans d'autres, du rocou.

Pour les teintes fortes de vert d'ailes de canard ou de vert bouteille, on ajoute un peu de couperose verte.

Pour teindre la Soie couleur Olive.

On commence par aluner la soie, on la passe ensuite dans une forte décoction de gaude, à laquelle on ajoute un peu de celle du bois de Campêche, qui lui fait prendre le vert, et donne à la soie une teinte olivâtre. Quand on veut avoir un olive rougeâtre on se sert de fustet et de bois de Campêche sans potasse.

Pour teindre la Soie en diverses nuances de Gris.

Toutes les nuances de gris, celles dites gris noir ou de maure excepté, s'obtiennent sur la soie, sans l'aluner. La soie étant dépouillée de tout savon par le lavage, et suspendue à une cheville, on prépare un bain avec du fustet, de l'orseille, du campêche et de la coupe-rose. Le fustet donne le fond; l'orseille le rouge; le campêche obscurcit; et la coupe-rose qui adoucit toutes les couleurs, les fait tourner au gris, et en même temps remplace l'alun. Comme il existe une variété infinie de gris qui ne portent aucun nom particulier, et qui se font par les mêmes méthodes, il est inutile d'entrer dans de plus grands détails.

Pour les gris-rougeâtres, l'orseille doit prédominer, pour les plus foncés, ce doit être le campêche et enfin le fustet pour ceux qui tendent au vert. Il faut prendre garde de ne pas trop employer de Campêche, attendu que, pris conjointement avec la couperose il obscurcit plus fortement que la plupart des ingrédiens de teinture; cependant le fond noir donné avec l'écorce d'aune, ou les autres préparations qui ont été indiquées à l'article de la teinture du coton, vaudroit mieux que la couperose.

Gris rougeâtre.

On met dans de l'eau modérément chaude, du bois jaune, de l'orseille et un peu de campêche; on plonge la soie dans ce bain et on lui imprime du mouvement, quand la liqueur est épuisée, on retire la soie et pour en adoucir la couleur, on ajoute un peu de couperose ou du bouillon de la cuve au noir. On passe encore une fois la soie, et si la couleur n'en paroît pas suffisamment égale, c'est-à-dire, qu'il y reste encore des taches rouges; on doit en conclure qu'il faut ajouter un peu plus de couperose verte.

Ce sel étant la base de tous les gris, s'il n'est pas employé en quantité suffisante, la couleur peut changer en séchant, et devenir rude et inégale.

Pour juger si la couleur est suffisamment adoucie, on essaie si la soie, après avoir été fortement exprimée à la cheville prend aisément l'eau; dans ce cas, il faut ajouter de la couperose; si au contraire, elle se mouille difficilement, c'est une preuve que la couleur est bonne.

D'une autre part, trop de couperose roidissant considérablement la soie, et la privant d'une grande partie de son lustre, pour remédier à cet inconvénient, il faut la lever, et la tordre à la cheville; cette opération fera dissiper la couperose surabondante.

Gris noir.

On donne les apprêts d'alun et de gande comme

pour le jaune, et quand la liqueur est épuisée, on rejette une partie du bain et on étend l'autre d'une décoction de Campêche; quand celui-ci est également épuisé, on ajoute une quantité de couperose suffisante pour noircir la couleur; on lave alors la soie, on l'exprime et on finit l'opération comme à l'ordinaire.

Pour le gris de fer, il faut faire bouillir comme pour le bleu; cette couleur est beaucoup plus belle quand elle est portée sur un fond très-blanc.

Quand on a sous la main des décoctions toutes faites des divers ingrédiens de teinture, on peut porter les gris sur laine, sur soie ou sur coton en opérant à une température qui ne surpasse pas celle que la main peut supporter, parcourir à volonté toute la série des teintes, comprises depuis la plus claire jusqu'au noir et produire le bleu, le rouge, le jaune et ainsi plusieurs couleurs composées, etc.

Des Substances colorantes.

Pour mettre le teinturier à l'abri des falsifications ou des avaries, auxquelles les substances colorantes peuvent être exposées, il sera donné un rapport abrégé des caractères importans et distinctifs des ingrédiens appliqués à son art.

Du Rouge.

Dans le nombre des substances colorantes rouges, tirées du règne animal, se trouve au premier rang, la *cochenille*.

C'est un petit insecte desséché, que l'on recueille au Mexique, il a une couleur brune pourprée, il est recouvert d'une poussière blanche, il a un goût âcre, amer, un peu astringent; la trituration lui donne une belle couleur purpurine.

La cochenille, dite *Sylvestre*, est petite et recouverte d'un duvet cotonneux assez abondant, elle donne moins de couleur que la fine: Pour juger de la bonté de la cochenille et de sa valeur, on verse sur une quantité déterminée de ce principe colorant pulvérisé de l'acide muriatique oxigéné, jusqu'à ce que la couleur rouge ait disparu, et l'on observe combien il en a été employé pour détruire la couleur : on estime que 20 grains de bonne cochenille demandent 4 onces de cet acide dans un bon état de concentration pour obtenir cet effet, ainsi conformément à cet indice on juge facilement du résultat.

On recueille en Pologne une cochenille qui est employée par les Turcs et les Arméniens dans la teinture de leurs draps, elle est d'une qualité très-inférieure à celle du Mexique.

On employoit autrefois à la teinture de la laine en rouge, le *khermès*, insecte que l'on trouve dans le levant et au midi de la France, mais son usage est en grande partie abandonné depuis quelques années.

La *laque* est une substance qui suinte aux branches de quelques espèces de figuier dans les Indes, l'écoulement de ce suc est occasionné par la piqûre de petits insectes.

On distingue dans le commerce la laque en bâtons, celle en grains et celle en tables ; ces deux dernières espèces sont employées pour la cire à cacheter et pour quelques vernis : la laque en bâtons a une couleur rouge foncée, elle est dure transparente, fixée autour de petites branches; elle a un goût amer; son principe colorant est dissoluble dans l'eau, il est solide, mais il a moins d'éclat que la cochenille.

Le règne végétal fournit en général la plus grande partie des substances colorantes ; celles qui sont usitées pour la teinture rouge sont, 1.° la *garance*, qui est la racine de la plante de ce nom, que l'on cultive sur les bords du Rhin, dans la Hollande, le midi de la France, et le Levant ; cette dernière sorte est connue sous le nom de lizari : elle est répandue dans le commerce à l'état pulvérulent, et porte suivant sa bonté différentes dénominations, la meilleure espèce du midi se désigne par le nom de *robée* ; la division de cette racine facilite l'extraction de son principe colorant, ainsi que son transport. On doit la préserver de l'humidité, dont elle se pénètre facilement, et qui pouvant provoquer un mouvement de fermentation en altèreroit la couleur.

Les caractères et les propriétés de cette racine, ont été étudiés avec soin ; les principaux sont ; d'avoir une couleur d'un brun orangé ; de former avec l'eau un liquide de même couleur par infusion ou décoction ; de fournir une teinture d'un rouge foncé brun par l'addition d'un alcali, et d'une teinte jaune par celle d'un acide minéral : elle est composée de deux principes colorants, l'un fauve et l'autre rouge, le premier est plus soluble dans l'eau, et paroit ne devoir sa fixité sur les étoffes que par son affinité ou sa combinaison avec la partie rouge ; les différens procédés de sa teinture ont pour but leur séparation, ne recherchant, dans l'emploi de cette racine, qu'à fixer la couleur rouge.

2.° Le *carthame* appelé vulgairement *safran-bâtard*, est la fleur du carthame des teinturiers, que l'on cultive dans le Levant et au midi de l'Europe : il contient deux principes colorants, l'un jaune et l'autre rouge ; les procédés employés à leur séparation ont été indiqués la première fois qu'il a été question de son usage.

Le meilleur carthame, c'est-à-dire, le plus riche en couleur rouge vient du Levant, ce qui en a fait abandonner la culture en Allemagne d'où cette substance se retiroit. Celui du Levant que l'on trouve dans le commerce est en masses comprimées, un peu humides; celui de la Thuringe est sec, cette différence provient de la manière de le préparer.

3.° Le *bois de Brésil ou de Fernambouc*, tire son nom du pays d'où il a été premièrement apporté, celui qui vient de Fernambouc est le plus estimé : ce bois est très-dur, lorsqu'il est fraîchement coupé, il a une teinte pâle, qui devient d'un rouge jaune foncé par l'action de l'air ; la pesanteur est un caractère de sa bonté; il a une saveur sucrée, l'eau dissout toute sa partie colorante, que les acides font passer au jaune : l'ébullition de ce bois entretenue un peu long-temps prend une belle couleur rouge, et le bois une teinte noirâtre; si l'on ajoute de l'alcali à la décoction du résidu qui ne fourniroit plus de couleur, on extrait encore beaucoup de principe colorant.

4.° Le *bois d'Inde ou de Campêche* provient d'un arbre très-gros, qui abonde à la Jamaïque dans la baie de Campêche : ce bois est pesant, il descend au fond de l'eau, comme le bois de Brésil, il est dur, prend un beau poli, et a une couleur rouge, nuancée d'orangé.

Les liquides aqueux et spiritueux dissolvent son principe colorant, qui a une teinte rouge tirant sur le violet, les acides changent en jaune la couleur de sa décoction, et les alcalis lui donnent de l'intensité et la font passer au violet.

La décoction de ce bois mêlée avec du vert-de-gris fournit une couleur bleue, propriété qui lui a fait donner le nom de bois bleu.

5.° *L'orseille* se présente sous la forme de pelottes d'un rouge violet. C'est le produit d'une pâte, formée avec une espèce de lichen qui croît sur les rochers des îles Canaries, et en Auvergne; on pile ce lichen, on l'arrose d'urine, on y ajoute de la chaux, et on laisse ce mélange dans des tonneaux où subissant une fermentation, la couleur se développe. L'orseille donne sa couleur cramoisi à l'eau et à l'alcool : la plus estimée vient des Canaries.

Les acides rendent son infusion d'un rouge plus vif, les alcalis n'ont sur elle presque aucune action.

Du Jaune.

La classe des substances jaunes est la plus nombreuse. Les principales employées dans la teinture sont :

1.° La *goude ou vaude*, cette plante qui croît communément en Europe est le réséda jaune, la culture la rend plus abondante en principe colorant. Toute la plante sert dans la teinture de la laine, de la soie, du coton et du lin; elle donne une couleur solide; son caractère de bonté se reconnoît à sa couleur, qui doit être plus jaune que verte, et à l'odeur qu'elle répand pendant son ébullition dans l'eau.

Sa décoction a une couleur d'un jaune brun, qui tire sur le vert si on l'étend d'eau. Les alcalis en rendent la couleur plus foncée, et les acides plus pâle.

2.° Le *bois jaune*, est apporté des Antilles, l'arbre qui le fournit se nomme, le mûrier des teinturiers : ce bois a une couleur jaune, il n'est pas dur, il contient beaucoup de principe colorant, dont on fait ressortir la beauté, en jetant dans la décoction de la colle forte ou des rognures de peau, qui se combinant avec le tanin qui y est assez abondant rendent la teinture plus claire : la couleur qu'il donne est très-solide sur la laine et s'unit bien à l'indigo. Les Anglois désignent improprement ce bois, par le nom de Vieux-fustet.

3°. Le *quercitron* est l'écorce du chêne noir, on l'apporte de l'Amérique septentrionale ; on l'emploie sous la forme d'une poudre grossière, elle contient trois fois plus de principe colorant que le bois jaune, et dix fois autant que la gaude ; elle a une couleur fauve ; la contexture est spongieuse, elle a un goût amer, styplique, elle donne fort aisément la couleur à l'eau. On doit aussi jeter dans sa décoction de la gélatine, pour lui enlever son tanin dont cette écorce contient une grande quantité.

4.° Le *Rocou ou l'Orléan*, vient en tonneau du Brésil et du Mexique sous la forme d'une pâte d'un brun rougeâtre foncé ; les habitans retirent cette couleur d'un enduit épais qui recouvrent les semences de la plante nommée Rocouier d'Amérique ; le rocou de bonne qualité est brun extérieurement, et couleur de feu orangé intérieurement. Sa décoction a une odeur forte, désagréable : il est soluble dans l'eau et l'esprit-de-vin, les alcalis en facilitent la dissolution, et rendent la teinte d'un brun foncé.

5.° La *graine d'Avignon* est le fruit de deux ou trois espèces de nerprun, savoir : le nerprun des teinturiers et le nerprun alaterne, ces arbrisseaux croissent dans le midi. On recueille le fruit avant sa maturité et on le fait sécher rapidement, la plus légère humidité le noircit; il donne une couleur jaune abondante, mais qui n'est pas très-solide. On s'en sert souvent à la place de la gaude dans l'impression des toiles.

6.° La *Racine de Curcuma* est apportée de l'île de Ceylan et des îles Moluques.

Le *fustet* que l'on cultive dans le midi de la France.

7.° Enfin, *le Genêt des teinturiers, et les graines du fenu grec*, etc.; mais ces dernières substances ne sont pas beaucoup employées vû le peu de solidité de leur principe colorant.

Du Bleu.

L'indigo est la seule couleur bleue, tirée du règne végétal, qui donne une teinture solide; le haut prix de cette substance, et les différentes espèces qui sont répandues dans le commerce exigent d'entrer dans quelques détails, qui facilitent à l'artiste les moyens de s'assurer de sa bonté.

On distingue dans le commerce l'indigo flore ou de Guatimala, et l'indigo cuivré; le premier est très-léger, le second est un peu plus pesant, et moins pur, il a reçu son nom de la couleur cuivrée qu'il prend en le frottant avec un corps dur; ces deux espèces nagent sur l'eau; les autres qualités sont ordinairement mêlées de beaucoup de substances étrangères.

Le lecteur ne pouvant juger de ce qu'il se passe dans les opérations où cette précieuse substance est employée, sans en connoître la nature, il sera donné une description abrégée du procédé suivi, pour l'obtenir.

On retire l'indigo de plusieurs espèces de plantes de ce nom, ainsi que de l'anil, qui croissent en Amérique, au Japon, et aux Indes; peu avant leur floraison, on les coupe, on les dispose dans une cuve, recouverte d'eau, où il s'établit en peu d'heures une fermentation vive, favorisée par la chaleur du climat, et le liquide prend une teinte violette; lorsque les ouvriers jugent les parties colorantes disposées à se séparer, on fait couler la liqueur dans une autre cuve, dans laquelle on l'agite vivement avec des instrumens à cet usage, dans le but de favoriser le dégagement du gaz acide carbonique, ensuite on laisse les parties colorantes se déposer, on écoule les liqueurs surnageantes qui ont une teinte jaune, et on fait passer le dépôt bleu dans de chausses de toile, d'où quand il est à l'état de pâte, on le coule sur des caisses carrées, que l'on expose pour dessécher sous des hangars à l'air libre, à l'abri du soleil.

Les soins donnés dans ces opérations, font différer l'indigo obtenu, en qualité et en quantité, car si l'ouvrier n'est pas très-habitué à juger de l'état de fermentation de la première cuve, il peut en résulter une grande perte par la destruction d'une partie de l'indigo.

On reconnoît sa pureté à sa cassure lisse, réfléchissant une belle teinte d'un bleu violet, à sa légèreté, à sa division dans l'eau, qui ne laisse pas déposer des parties terreuses; à la fumée purpurine qu'il donne lorsqu'on le jette sur les charbons ardens, et à son entière dissolution dans six parties d'acide sulfurique concentré.

Ses propriétés chimiques rendent raison de ce qui se passe dans plusieurs opérations.

L'eau distillée en dissout par l'ébullition une substance mucilagineuse, dont l'extraction en améliore la nature.

Une goutte de la dissolution dans l'acide sulfurique demande 20 livres d'eau pour n'être pas apercevable.

L'acide sulfurique étendu d'eau ne le dissout point, mais il lui enlève les parties terreuses et mucilagineuses, et par là le bonifie. L'acide nitrique lui donne une couleur jaune brune: l'acide muriatique n'a sur lui aucune action; mais l'acide muriatique oxigéné faisant passer sa couleur au jaune sans le dissoudre, est employé comme avec la cochenille, pour juger de la bonté de l'indigo, d'après la plus ou moins grande quantité, qu'une proportion connue de cet acide en bon état, peut décolorer.

Les alcalis purs ou carbonatés ne l'attaquent point. Si l'on fait un mélange de parties égales d'indigo pulvérisé et de sulfate de fer fraîchement crystalisé, avec un poids double d'alcali pur, aussitôt que l'on y verse de l'eau, l'indigo se dissout; mais si le sulfate de fer employé se trouve d'un rouge jaunâtre; c'est-à-dire, avec un commencement d'oxidation, la dissolution de l'indigo n'a pas lieu.

Si l'on fait bouillir de l'indigo dans une lessive alcaline caustique et qu'on y ajoute de l'oxide blanc d'arsenic, l'indigo ne se dissout pas, mais par l'addition d'une portion de soufre, la dissolution a lieu aussitôt: c'est sur le principe de ce qui se passe dans cette opération qu'est fondée la dissolution de l'indigo dans une lessive alcaline caustique avec addition d'orpiment, qui est une combinaison de soufre et d'arsenic.

Il est évident, d'après un rapport, que l'on doit à la sagacité du célèbre Berthollet, que l'indigo retient combiné une grande quantité d'oxigène; que c'est à la présence de ce principe, qu'est due son insolubilité dans les alcalis purs et sa dissolution dans les mélanges avec le sulfate de fer, et les sulfures auxquels il l'abandonne.

Le *Pastel ou le Vouède* se prépare avec la feuille de la plante nommée pastel des teinturiers; on la recueille avant sa floraison, on la fait sécher rapidement, et après l'avoir broyée au moulin, on la réduit en pâte, on l'entasse sous des hangars, et après une quinzaine de jours, on la broie de nouveau et on en fait des pelotes que l'on expose en tas à l'air et au soleil pour les dessécher; pendant que cela a lieu, elles s'échauffent, répandent une odeur ammoniacale, parce que l'azote est un des principes élémentaires de cette plante; on accélère l'opération par de légers arrosemens qui en augmentent la chaleur, et le pastel par suite de cette fermentation se réduit en poussière, qui est l'état où il se trouve dans le commerce. Cette suite d'opérations a pour but de favoriser le développement de l'indigo, et se trouve analogue pour ses effets à celles que l'on fait supporter aux plantes qui fournissent l'indigo. La couleur bleue du pastel est très-solide, mais elle a moins d'éclat que celle de l'indigo.

Substances employées à donner les couleurs Brunes ou Fauves et à former les noirs.

Les noix de galle sont des excroissances occasionnées au pétiole des feuilles de plusieurs espèces de chêne, principalement dans le Levant et au midi de l'Europe.

Elles sont rondes, lisses ou garnies de petites aspérités; elles sont d'une couleur jaunâtre, ou d'un gris noirâtre; elles sont spongieuses; elles ont une odeur qui leur est propre; leur saveur est astringente; elle se dissolvent presque entièrement dans l'eau par une longue ébullition; elles donnent avec l'alcool une teinture très-foncée. Les meilleures qui viennent par la Turquie, sont connues sous le nom de galles d'Alep, les plus noires sont les plus pesantes et contiennent une plus grande quantité de tanin et d'acide gallique, qui sont les deux principes que l'on y recherche, pour développer la couleur noire, par leur combinaison avec les sels de fer.

Le *brou de noix* est l'enveloppe verte des noix, son suc ou sa décoction colorent la laine en brun solide. On le conserve dans des tonneaux, recouvert d'eau, il n'est pas susceptible de s'altérer.

Le *sumac* est un arbuste qui croît en Espagne

et dans le midi de la France, on coupe chaque année ses rejetons, on les fait sécher et on les passe sous une meule, c'est dans cet état qu'il est employé : il a un goût très-astringent et il contient les mêmes principes que les galles. La couleur fauve qu'il donne tire sur le vert, elle est très-solide sur le coton, surtout combinée avec le mordant.

L'écorce d'aune donne aussi une décoction fauve, et forme avec les sels de fer, des bains gris ou noirs.

On trouve un très-grand nombre de végétaux qui peuvent fournir des teintes fauves, ou brunes, ce qui facilite la variété des nuances; l'artiste instruit peut tirer un heureux avantage de l'emploi de l'une ou l'autre de ces substances colorantes, suivant le lieu de son travail.

Les principaux sels métalliques employés comme principe colorant dans la teinture sont : 1.° le *sulfate de fer*, connue dans le commerce sous le nom de *vitriol vert*, ou de *couperose verte*; ce sel se prépare en grand, et contient suivant le minéral dont on le retire plus ou moins de sulfate de cuivre; on en reconnoît la présence, lorsqu'en plongeant dans sa dissolution une lame de fer bien décapée, elle se recouvre d'une couche de cuivre avec le brillant métallique; ce mélange n'est pas nuisible dans les teintures noires; mais pour le bain d'indigo, il est indispensable d'employer un sulfate de fer pur, d'un beau vert, qui se dissolve dans six parties d'eau froide, sans former de dépôt jaune.

2.° *Le sulfate de cuivre*, dit *couperose bleue*, *vitriol bleu*, ou, *vitriol de Chypre*, s'obtient aussi dans les travaux en grand, il se présente sous la forme de cristaux qui ont une couleur de saphir, il se rencontre pur dans le commerce, il perd sa transparence en se desséchant, et dans ce cas-là, il laisse dans sa dissolution un précipité jaunâtre.

3.° *L'acétate de cuivre*, ou *le vert-de-gris*, est une masse verte, composée d'oxide de cuivre et des acides acétique tartarique et carbonique, combinaison qui a lieu dans sa préparation. Celui qui est cristallisé perd sa transparence par son exposition à l'air, et se désigne par l'expression de *verdet cristallisé*.

4.° On peut aussi placer dans le nombre des sels métalliques employé par le teinturier le *prussiate de potasse et de fer*, connu ci-devant, sous le nom de d'alcali phlogistiqué, d'alcali prussien, ou de prussiate triple de potasse; ce sel que l'on trouve depuis quelques années dans le commerce, se présente en cristaux jaunâtres, d'une forme cubique ou rhomboïdale, on doit le conserver en vases fermés: C'est à sa combinaison avec le fer, que l'on a donné le nom de bleu de Prusse, parce que la découverte en fut faite à Berlin. La dissolution de ce sel versée dans une solution de fer par un acide quelconque, donne un précipité bleu, qui est le résultat de la combinaison de l'acide prussique et du fer : quelquefois le précipité qui se forme est vert, ce qui provient d'un mélange d'oxide jaune de fer et du prussiate bleu, en versant dessus une petite quantité d'acide muriatique, on dissout l'oxide jaune et le précipité restant est d'un beau bleu.

Développemens des causes des changemens qui ont lieu dans plusieurs opérations du teinturier.

Les explications qui ont été données, sur l'action que certaines substances exercent les unes sur les autres; sur les décompositions et les nouvelles combinaisons qui en résultent, auront évidemment démontré au teinturier l'importance de l'étude de la branche de la chimie relative à son art; car les difficultés sans nombre qui accompagnoient autrefois les opérations un peu compliquées ne peuvent être attribuées qu'à la lenteur des progrès de la chimie et à son peu d'application dans les arts; maintenant que le chimiste peut expliquer ce qui se passe, dans la majeure partie des opérations du teinturier, et prévenir une multitude d'erreurs et de pertes, il est bon de présenter un court exposé des changemens essentiels que les matières végétales et animales éprouvent dans leur décomposition.

La première observation sera portée, sur la différence qui existe dans la nature de ces substances, de laquelle résulte une des principales causes de leur tendance à se combiner plus ou moins facilement avec divers principes colorants; ainsi que le coton en offre un exemple pour la couleur rouge et la laine pour le cramoisi, etc.

Ces substances passent par une suite régulière de décompositions, lorsqu'elles sont placées dans des circonstances favorables : l'acte de la végétation nous en offre un exemple journalier; le suc qui, dans la jeune plante, possède tous les caractères du mucilage, prend dans la plante vieille ceux de l'amidon; la partie qui est acide dans un fruit vert, passe à l'état sucré dans le fruit mur; cette réaction mutuelle des principes élémentaires des végétaux se propage au-delà de la vie et forme des composés nouveaux, par l'effet de leur combinaison dans des proportions différentes,

Les principes élémentaires des végétaux sont l'oxigène, l'hydrogène, le carbone et dans un petit nombre de cas l'azote; pouvant se combiner dans différens états de concentration, et exerçant ainsi des forces différentes, ils forment un très-grand nombre de substances, qui dans le passage d'un état à un autre, offrent une grande variété de changemens.

Un petit exposé sur ce qui a lieu dans l'acte de la végétation, rendra ces faits plus compréhensibles.

Un végétal ne prend de l'accroissement dans l'eau, que lorsqu'elle contient de l'acide carbonique; ce qui est le cas de toutes les eaux naturelles; ou que l'air dans lequel il est exposé en contient, si l'eau en avoit été privée par quelque travail chimique; il faut de plus qu'il reçoive l'influence de la lumière. Le carbone de la plante provient de la décomposition du gaz acide carbonique pendant la végétation; l'eau éprouve aussi une décomposition par l'action de la lumière; une partie de l'oxigène, l'un de ses principes constituans, s'exhale, et l'autre reste en combinaison; tandis que l'hydrogène, second principe élémentaire de l'eau, forme par son union avec le carbone et l'oxigène, (mais dans des proportions différentes avec ce dernier) les corps résineux, etc.

L'eau des engrais, contenant l'oxigène, le carbone, l'hydrogène et l'azote presque à l'état libre favorise beaucoup la végétation.

Les terres, les sels alcalins ou autres, les métaux, paroissent n'être portés dans la plante que par le moyen de l'eau qui les tient en dissolution.

Puisque les élémens des végétaux se combinent sous différens degrés de concentration, il s'ensuit que les substances qui en résultent, que l'on désigne par le nom de principes immédiats, doivent être uniformes dans leur nature, et posséder chacune des caractères distinctifs : Les principes astringents, et les bois contiennent une grande proportion de carbone; l'hydrogène abonde dans les huiles et les résines. L'oxigène est en surabondance dans les acides, et la différence caractéristique des divers acides résulte des proportions dans lesquelles l'hydrogène et le carbone y sont combinés avec l'oxigène.

Enfin, les corps dans lesquels l'oxigène et l'hydrogène sont combinés dans les mêmes proportions que dans l'eau, forment la classe des sucres, des gommes, etc.

En conséquence, si l'on expose un végétal à une forte chaleur dans un vase clos, on obtient la majeure partie de son carbone à l'état solide et fixe, une petite partie décompose l'eau, fournit par son union avec l'oxigène le gaz acide carbonique, et le gaz hydrogène carboné, et la plus grande partie de l'hydrogène devenu libre par la décomposition de l'eau, forme avec une autre portion de carbone et de l'oxigène une huile brune qui se volatilise; l'oxigène surabondant à la formation du gaz acide carbonique se retrouve dans l'acide formé, lequel a été indiqué sous le nom de vinaigre des bois; dans le cas, où le végétal contient de l'azote, ce principe se combinant avec l'hydrogène forme l'ammoniaque ou l'alcali volatil, facile à reconnoître par son odeur.

Le végétal soumis à cette opération, est supposé avoir été pris dans un état de siccité ordinaire, comme celui où se présentent le bois, les gommes, etc.

Mais si l'on place des matières végétales humectées, dans une température constante de 15 à 20 degrés de Réaumur au-dessus de zéro, elles subissent une décomposition, dans laquelle leurs principes élémentaires s'unissent aussi dans des proportions différentes et forment des composés nouveaux, cette opération se nomme *fermentation*; on en distingue trois espèces, dont les dénominations indiquent la nature du liquide, savoir; la fermentation vineuse ou spiritueuse, la fermentation acide ou acéteuse, et la fermentation putride.

On entend par la fermentation vineuse, l'opération qui donne pour résultat un liquide spiritueux, enivrant, de quelque nature que soient les matières exposées à cette action; la condition importante pour qu'elle ait lieu, est la présence dans le liquide d'un principe sucré, d'une matière glutineuse ou fermentescible et d'un acide végétal.

Le vase contenant ces matières doit être placé entr'ouvert au degré de température indiqué; au bout de 24 à 36 heures, le liquide se trouble, s'épaissit, s'échauffe et il se dégage du gaz acide carbonique; peu de jours après la fermentation cesse, la matière épaisse suspendue se dépose en partie, ou monte à la surface, le liquide s'éclaircit, il se trouve avoir perdu sa saveur sucrée et en avoir acquis une vineuse, ainsi qu'une odeur spiritueuse; d'après ce court exposé, on aperçoit que c'est à la décomposition du sucre, qu'est due la formation du principe spiritueux, ou alcoolique.

On sépare l'esprit-de-vin, par la distillation du vin obtenu, sa quantité varie suivant la qualité du vin.

Si l'on expose de nouveau le liquide vineux à une température de 20 à 25 degrés; il se trouble, sa température augmente, on y voit des filamens s'agiter dans tous les sens, puis ce mouvement cesse graduellement, les filamens se déposent, en partie, ou montent à la surface; le liquide s'éclaircit, et il se trouve avoir perdu toutes ses propriétés caractéristiques et être transformé en vinaigre ou acide acétique, ce qui a fait nommer cette opération, fermentation acide ou acéteuse; l'acide qui existoit dans le vin, ainsi que l'alcool et une partie de la matière glutineuse y sont décomposés.

Les substances végétales abandonnées à elles-mêmes, à un certain degré d'humidité et à une température de 8 à 10 degrés se décomposent et passent à l'état de putréfaction, ou de fermentation putride, pendant laquelle il se dégage des gaz plus ou moins fétides, suivant la nature du végétal, ceux qui contiennent de l'azote dégagent une odeur ammoniacale par l'effet de la combinaison de ce gaz avec l'hydrogène : c'est le cas de toutes les matières animales en putréfaction.

Si l'on applique aux substances animales les causes qui viennent d'être développées, comme produisant dans les végétaux les changemens journaliers que l'on observe, et que l'on calcule tous ceux que doit fournir de plus la présence d'un quatrième corps élémentaire qui s'y rencontre toujours, savoir, l'azote, plus la force vitale ; on concevra aisément combien les changemens doivent être plus considérables et plus rapides dans l'économie animale.

Outre les quatre élémens désignés, on rencontre encore chez les animaux, du phosphore, du soufre, de la chaux et de la magnésie ; combien de principes immédiats peuvent donc être formés par les combinaisons variées de ces divers corps élémentaires ; aussi en distingue-t-on un très-grand nombre, dont les principaux sont, la gélatine ou gelée animale, l'albumine ou le blanc d'œuf, la fibrine ou la fibre musculaire, les corps gras, le phosphore, les acides, les alcalis, etc.

Tous ces détails qui semblent, au premier aspect, superflus dans un traité sur la teinture, ont été donnés principalement, dans le but de mettre l'artiste en état de comprendre ce qui se passe dans la préparation très-importante de la cuve de pastel.

La cuve d'indigo et de pastel est, ainsi qu'il a été indiqué, sujette à se déteriorer, ou selon l'expression des teinturiers à devenir *roide* ou *rebutée*, si l'on applique la théorie de la fermentation qui vient d'être donnée aux changemens qu'y se passent, on découvrira toute l'action que les différentes substances dont elle est composée, exerçent les unes sur les autres; Berthollet a trop bien développé cette opération, pour ne pas emprunter ses propres expressions.

Lorsque le pastel, la garance, le son et l'indigo ont été pénétrés par l'eau chaude, dit cet auteur, le son entre en fermentation, il communique ce mouvement au pastel et à la garance, ce qui se reconnoît par un dégagement de gaz acide carbonique; et cette masse fermentante enlève à l'indigo son oxigène, ce qui lui donne une teinte jaune verdâtre : C'est dans ce moment que l'on doit commencer à jeter la chaux dans la cuve, dont une partie neutralise l'acidité de la cuve, tandis que l'autre se combine avec l'indigo privé de son oxigène et le rend dissoluble.

On continue à jeter de la chaux, à pallier la cuve, à la laisser reposer autant que cela est nécessaire pour opérer la dissolution de l'indigo désoxidé, et la cuve étant en repos, la fermentation continue, et passé à la putride. C'est le temps où l'indigo du pastel se développe et devient dissoluble; il s'élève alors à la surface du bain des bulles, qui forment en éclatant une écume bleue, dite fleurée, il se répand une odeur ammoniacale, le bain prend une couleur verte et se trouve en état d'être employé.

Il suit de cette rapide explication, que la cuve de pastel est bonne, lorsque l'indigo privé de son oxigène est devenu dissoluble par les alcalis, (la chaux vive jouit de cette propriété); que la garance est ajoutée autant pour coopérer, au moyen de son principe mucilagineux, à la désoxigénation de l'indigo pendant la fermentation, que pour donner à la cuve une teinte rouge qui réhausse la bleue; enfin, que les étoffes plongées dans cette cuve, se pénètrent de l'indigo dissout, et que par l'absorption de l'oxigène de l'air atmosphérique, dont il est très-avide, l'indigo passe d'abord à une teinte verte ensuite à une bleue et reste fixé d'une manière indissoluble.

Puisse la clarté que les connoissances chimiques donnent aux opérations qui paroissent le plus inexplicables, persuader l'artiste de l'importance qu'il doit mettre à étudier une science qui en facilitant tous ses travaux, les lui rendra plus compréhensibles et plus agréables.

FIN.

TABLE DES MATIÈRES.

7

FIN DE LA TABLE.

ganisation des chairs. On a développé plusieurs systèmes différens à cet égard.

On a dit que cette réorganisation n'était qu'un développement du réseau vasculaire très-fin, comme il arrive dans la matrice lors de la grossesse.

Mais en admettant ce mécanisme, ce mode de diminution de profondeur, on pourrait demander quel sera le terme de ce développement, lorsque la plaie sera comblée et détergée. Il n'y a pas de raison pour que ce développement s'arrête précisément quand le fond sera rempli.

Les chairs se régénèrent-elles réellement?

Lorsqu'on a voulu approfondir la marche de la nature, on s'est bientôt convaincu qu'elles ne se régénèrent pas. *Fabre* est le premier qui ait mis hors de doute la non-régénération. Cette théorie a éprouvé les plus grandes difficultés, vu qu'elle heurtait toutes les opinions reçues.

Si les chairs se régénéraient, pourquoi les parties qui manquent ne se reproduiraient-elles pas? pourquoi la cicatrice présenterait-elle une profondeur relative à la substance que la partie a perdue? pourquoi au contraire la cicatrice ne répond-elle pas à la largeur de la plaie? Dans un cancer, par exemple, la plaie après l'opération est très-grande, et la cicatrice n'aura qu'un travers de doigt de largeur.

Une plaie touche à sa guérison, il ne reste plus qu'un point sans pellicule, le malade commet

une

www.ingramcontent.com/pod-product-compliance
Ingram Content Group UK Ltd.
Pitfield, Milton Keynes, MK11 3LW, UK
UKHW021111220726
13924UKWH00004B/1649